假期指南

李辉 主编

首都师范大学出版社
CAPITAL NORMAL UNIVERSITY PRESS

图书在版编目（CIP）数据

假期指南 / 李辉主编 . —北京：首都师范大学出版社，2014.7

ISBN 978-7-5656-1971-7

Ⅰ.①假… Ⅱ.①李… Ⅲ.①课程—小学—教学参考资料

Ⅳ.① G624

中国版本图书馆 CIP 数据核字（2014）第 156451 号

JIAQI ZHINAN

假期指南

李　辉　主编

首都师范大学出版社出版发行
地　　址　北京西三环北路 105 号
邮　　编　100048
电　　话　010-68418523（总编室）　68982468（发行部）
北京兴星伟业印刷有限公司印制
全国新华书店发行
版　　次　2014 年 8 月第 1 版
印　　次　2014 年 8 月第 1 次印刷
开　　本　710mm×1000mm　1/16
印　　张　6
字　　数　50 千
定　　价　28.00 元

本书编委会

主　　　编：李　辉

副　主　编：杨　曼　　赵晓伟　　李润利

编写组成员：于丽春　　于　妍　　马青翠　　乌以平
　　　　　　　王同荔　　邓　鸣　　史春燕　　刘家思
　　　　　　　吕建春　　吕智慧　　安　颖　　闫金艳
　　　　　　　闫　倩　　齐瑞红　　宋雅萍　　张　斌
　　　　　　　张颖悟　　李红艳　　李　岩　　杨巧爱
　　　　　　　沈瑞玲　　肖　红　　邵　洁　　房世伟
　　　　　　　赵秋云　　谈　兵　　郭冬梅　　高　爽
　　　　　　　崔　莉　　常京凤　　葛青云　　甄红贤
　　　　　　　裴丽媛　　刘玉平　　张志坚　　林　伟

精彩假期有我、有你、有他

尊敬的家长：

您好！当您看到这本书的时候，一定有很多的感触！孩子在西苑小学学习生活，是西苑小学大家庭中的一个成员，这时间长达六年！这六年，将是孩子从一个懵懂孩童，成长为身体健康、情感丰富、思想丰盈的少年最为重要的六年！

"年年岁岁花相似，岁岁年年人不同。"这六年里，会有12个假期，这十二个假期,确切地说,应该是孩子每一学年中的一个新学期！假期中的他（她）将远离我们的视线，但对他（她）的惦念却始终紧贴着我和您的心。

孩子们的假期个个精彩，是我们每一位西苑老师最美好的心愿——我们真诚地希望您的孩子每一天都过得充实而有意义！为此，全体西苑老师倾心为他（她）定制了一份小学阶段系列精神营养套餐，希望他们乐在其中！学在其中！收获其中！这份"私人定制"，历时近两年。初稿完成后，学校征求了孩子及家长们的意见与建议，几经商讨、修订，力求图文并茂，集趣味性与科学性于一体。

《假期指南》里蕴含着习惯的养成，帮助学生积淀知识，精心为孩子推荐的"走四地、观六路、听八方"等活动设计，希望您能带着、陪着他（她）走出家门，走进社会大课堂，汲取更丰富、更鲜活的营养！

年年岁岁花争艳，岁岁年年人有为。亲爱的家长，相信有您的全力支持，有您与学校的配合，孩子会在有规划、有计划的每一个假期的每一天中，健康快乐地长大。

西苑小学全体教师时刻关爱并关注着孩子们！

校长：李辉

我的责任　我承诺

亲爱的孩子们：

　　假期即将开始，在这个假期中，老师希望你们能够成为一个有责任感的人。在生活中，我们不仅要对自己负责，还要对我们身边的人负责，更要学会对国家，对社会负责。那么，让我们从身边的小事做起，努力成为一个有责任感的小学生吧！

我是自己的小主人

低年级：学会独立整理自己的书包
中年级：学会独立整理自己的衣物
高年级：学会独立整理自己的房间

我是家庭的小主人

低年级：能够在家里扫地、擦桌子
中年级：能够在家里洗碗、洗衣服
高年级：能够在家里做简单的饭菜

我是社会的小主人

低年级：为保护社区环境做一件好事
中年级：为社区孤寡老人做一件好事
高年级：为社区居委会做一次小义工

走七彩道路
绘七彩人生

> 永远不要把你今天可以做的事留到明天做，延宕是偷光阴的贼。
>
> ——狄更斯

> 要学会强迫自己天天读书，不要把今天的工作搁到明天。今天丢弃的东西，明天怎么也补不上了。
>
> ——苏霍姆林斯基

孩子们，在走向成功的道路上，如果做事有条理、有计划，那么你将会比其他人走得更省力更远。让我们一起了解一下张佳琪小朋友的假期计划吧，你也可以制定一份属于自己的假期计划。

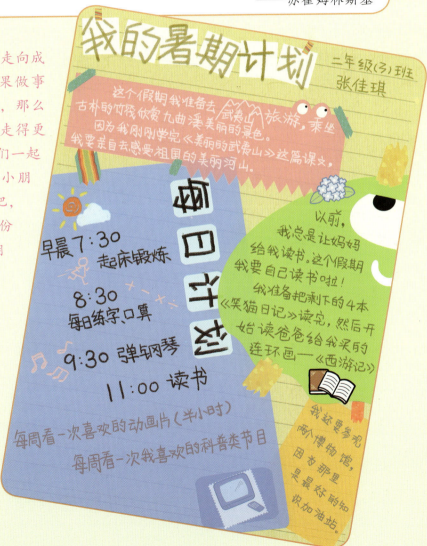

我的暑期计划　二年级(3)班　张佳琪

这个假期我准备去武夷山旅游，乘坐古朴的竹筏欣赏九曲溪美丽的景色。因为我刚刚学完《美丽的武夷山》这篇课文，我要亲自去感受祖国的美丽河山。

每日计划

早晨7:30 起床锻炼

8:30 每日练字、口算

9:30 弹钢琴

11:00 读书

每周看一次喜欢的动画片（半小时）

每周看一次我喜欢的科普类节目

以前，我总是让妈妈给我读书。这个假期我要自己读书啦！我准备把剩下的4本《笑猫日记》读完，然后开始读爸爸给我买的连环画——《西游记》。

我还要参观市少儿博物馆，因为那里是最好的知识加油站。

安全公约

孩子们，假期到了，我们都很快乐！但别忘了，安全第一哟！制订个安全公约吧：

1.牢记电话号码：火警 119 ，匪警 110 ，急救中心 120 。没有险情不要乱打急救电话。

2.汛期严禁到池塘、水库、河、海等处私自玩耍。

3.不用湿手摸电器，发现别人触电不能用手拉，要用干木棒把电源打掉。

4.注意饮食卫生，剧烈运动后不可大量喝凉水；不乱吃东西，禁止暴饮暴食。

5.增强自我防范意识：不玩火，不玩电，不去公路上、建筑工地等危险的地方玩耍。

6.出门和家长打招呼，按时回家，不与陌生人打交道，外出时注意交通安全。

7.禁止上网吧，禁止到游戏室、台球室、棋牌室、歌舞厅；禁止参加非法集会等不文明活动。

请同学们记住以下电话号码
110.报警　　119.火警
120.急救中心　　122.交通事故障碍

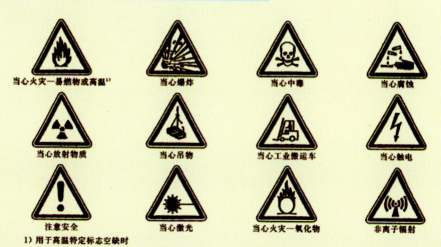

当心火灾—易燃物或高温[1]　　当心爆炸　　当心中毒　　当心腐蚀

当心放射物质　　当心吊物　　当心工业搬运车　　当心触电

注意安全
1)用于高温特定标志空缺时　　当心激光　　当心火灾—氧化物　　非离子辐射

我走、我看、我听

走四地、观六路、听八方

亲爱的同学：把每学期家长带你去过的展馆涂上颜色。六年下来，你会发现，父母为你铺就了一条多彩的路！

博物馆名称	看过之后，把你最想与我们分享的介绍一下吧
1. 中国国家博物馆	
2. 中国美术馆	
3. 首都博物馆	
4. 中国人民抗日战争纪念馆	
5. 焦庄户地道战遗址纪念馆	
6. 团城演武厅	
7. 北京自然博物馆	
8. 中国人民革命军事博物馆	

9. 中国电影博物馆	
10. 北京禁毒教育基地	
11. 海淀区博物馆	
12. 老舍纪念馆	
13. 中国农业博物馆	
14. 中国航空博物馆	
15. 中华世纪坛世界艺术馆	
16. 中国现代文学馆	

拍个照吧!

【京郊避暑】 一岭一峡一洞

凤凰岭

　　凤凰岭自然风景区位于北京市海淀区聂各庄乡境内。区内水质优良，空气清新，净化空气纯度为市区的 5 倍，含负氧离子为市区的 150 倍以上，四至十月相对湿度为58%，春秋日平均气温为23℃。风景区享有"京西小黄山"之美誉，人文景观丰富多彩，"奇峰"、"怪石"、"林海"、"神泉"为其天然景观。"奇峰"：千姿百态、争奇斗异，神女峰荡气回肠，雄狮峰龙蟠虎踞；"怪石"：怪石林立，形神兼备，如玉兔凌空，如石猴戏天，姿态万千；"林海"：古松古柏古银杏，古木参天；桃林、杏林、苹果林，林园世界，既可观光游览，又可自助采摘；"神泉"：元素丰富，绵甜爽口，泉中极品，闻名远近。

观景佳期 风景区三季有花，四季有景。春有"桃源杏海"、"怡桥春照"；夏有"银练碎玉"、"白瀑垂帘"；秋有"深秋红叶"、"金果飘香"；冬有"层峦晴雪"、"白玉倒悬"。是春游踏青、夏令避暑、秋赏果熟、冬观雪景的胜地。

延庆龙庆峡

北京龙庆峡被人们誉为北京的"小漓江"。龙庆峡水库高耸的大坝相连着两座山，其宽有四五十米，大坝犹如一把白色的巨锁把龙锁住了。登上大坝俯瞰北面，墨绿色的水面倒映着山峦和白云。东西的两座山，峭壁直立，像刀切似的，足有几十丈高，"龙庆峡"可能由此峡而得名。当你划船而渡，大有"山重水复疑无路，柳暗花明又一村"之感。水似飘罗带，曲曲弯弯，山不转水转，仿佛永无尽头，每转一山就是一景。龙庆峡盛夏时节气候凉爽，空气清新；隆冬结冰期较长，为冰灯艺术提供了条件，成为北国冰雪乐园。龙庆峡的冰灯节近年来已成为京城及周边冬季不可缺少的旅游项目，从每年的一月中旬开幕到二月底结束，总面积约 16 万平方米。山谷中灯火璀璨，冰雕雪雕流光溢彩，花灯彩灯交相辉映，冰天雪地里龙庆峡成了梦幻的世界，欢乐的海洋。

房山银狐洞

银狐洞位于北京房山区佛子庄乡下英水村，距市区 60 公里，是中国华北地区唯一开放的水旱洞为一体的自然风景溶洞，为国家级 AA 景区。特色景观是洞顶倒挂着长近 2 米，形似猫头狐狸身的雪白方解石晶体，被称"中华国宝"—银狐。洞内 1500 米的地下暗河，可戏水泛舟，河水清澈见底，水中含有人体所必需的多种微量元素，具有神奇的医疗作用。主要游览内容：银狐洞、地下河、洞府茶韵、凤凰山。出游佳期为常年游览。洞内恒温 13℃，不分春夏秋冬。景观不受季节、天气影响，四季皆宜。

很有意思吧，你给大家描述一下：

【酷暑戏水】

海淀游泳馆

地　　址：位于海淀区颐和园路12号海淀体育中心院内，紧邻硅谷电脑城。

推荐理由：是一座现代化的室内标准游泳馆，馆内有两个25米×16米六条泳道游泳池，其中深水池1.9米–2.1米，浅水池1.3米–1.5米，适合于不同水平的游泳客人。

水立方嬉水乐园

地　　址：位于北京市朝阳区天辰东路11号，奥林匹克公园国家游泳中心（水立方）内。

推荐理由：占地面积约2万平方米，是目前亚洲规模最大、设施最先进、舒适度最佳的室内嬉水乐园，被称为奥运场馆赛后运营的典范。嬉水乐园由11大游乐景点组成：深海龙卷风，魔幻漩涡，翻江倒海，急速暗涌，海底总动员，魔方城堡，海底穿梭，疯狂海啸，泡泡池，梦幻漂流，水魔方大舞台。

水立方为您提供最完美的嬉水温度，全年智能温控。春季：水温28℃，气温29℃；夏季：水温25℃，气温26℃；秋季：水温28℃，气温29℃；冬季：水温30℃，气温31℃。泡泡池恒温34℃，海底总动员恒温32℃。

【海边踏浪】

南戴河海上乐园

南戴河海上乐园坐落于南戴河旅游度假区的碧海金沙之中，是一处天然海水浴场，与多种滑水漂流相融合，集游玩、餐饮、住宿为一体。这里环境幽雅、空气清新、沙软潮平，游乐设施新颖独特，是回归自然、强身健体、消夏休闲的理想之地。

【欢乐草原】

多伦草原

如果您从东直门出发，走怀柔，过丰宁，行 360 公里，便可来到地处内蒙古自治区中部锡林郭勒大草原南端的多伦草原，这里是距离北京最近的内蒙古大草原。

多伦原名多伦诺尔（蒙语），意为七个湖泊，处于阴山山系东端北部的延陵和大兴安岭南部山地的余脉。多伦境内风光旖旎，古迹瑰丽，清澈绵长的滦河发源在此，湍流向南，绵延千里的浑善达克沙地横亘其中。由于多伦夏季日平均气温仅为 18.7 摄氏度，来到这里，您可以尽情享受蓝天、白云、大草原的惬意，感受骑马、射箭、滑沙、漂流的刺激与欢乐。

这里是北京

这些地方你认识吗？你还去过哪些好玩的地方？假期回来和同学们一起说说吧！

为了孩子的身体健康，每天坚持锻炼，强健体魄，必不可少。那么从现在开始，关注他（她）吧！外出踏青、郊游、健身……丰富多彩的活动方式一定能让您的孩子健康快乐，朝气蓬勃！

——西苑小学 体育组

体育直播

动起来 我健康

亲爱的同学们，下面的这些体育项目你们还记得吗？看，课堂上的你和小伙伴们玩得多高兴呀！假期来了，不要让自己的身体闲下来哟！让我们一起动起来吧！

足球

篮球

乒乓球

跆拳道

跳长绳

武术

游戏名称：大象球（球为软式排球，或用软球代替）

游戏方法：两脚开立（作为球门），围圈，脚贴脚站立，两手交叉握，用力打球，将球打入任意一个球门，得一分，失球方捡回球，背向圆心继续发球。（方法仅供参考）

规　　则：禁止发高球，围好圈后，脚不可动，否则视为犯规。

训练项目：立定跳远

训练方法：立定跳，远近的最直接因素就是身体素质。首先考虑的就是提高身体素质，立定跳远需要的是腿部的力量，可以多做一些下肢的力量训练，比如蛙跳，深蹲、负重（轻重量）半蹲跳，或多跳立定跳，这些都有助于提高腿部及腰腹部力量。腿部力量就是立定跳远的根本，所以力量上去了，立定跳远成绩自然会提高。

训练项目：跑步

训练方法：①慢跑 20—30 分钟，以提高你的耐力、意志品质等。

②快速跑 50—100 米练习，以提高你的奔跑速度能力。（方法仅供参考，可根据不同的身体素质、时间、地点各自选择性安排）

训练项目：高抬腿

训练方法：步幅小、频率快，支撑腿要充分蹬直，以提高孩子的步频。

Art is much less important than life, but what a poor life without it !

艺术远没有生活重要，但是没有艺术的生活是多么乏味呀！亲爱的孩子们去听一场音乐会，看一次画展吧，它会为你打开认识世界的另一扇窗！

——西苑小学音乐、美术教师

音乐之声

一、走进中国儿童艺术剧院，看一场精彩演出。

二、走进国家大剧院，听一场美妙的音乐会。

三、欣赏（小学音乐教材）芭蕾舞剧《天鹅湖》、《胡桃夹子》。

四、观看（小学音乐教材）电影《音乐之声》、动画电影《彼得与狼》。

五、观看18集音乐知识动画片《露露和猪猪》。

六、乐曲欣赏。

亲爱的孩子们：

我们都很喜欢听歌曲、唱歌，觉得很快乐，很有意思。可是你们知道么？音乐对你的生活、你的情商都有着很重要的作用呢！

心理学家通过广泛调查大量研究，证明音乐活动，可以促进人际交往。

早在1973年，瑞士弗赖堡大学法雷尔的研究就发现，教授音乐能够增强学生们的社交能力和学科技能。1694年，美国人艾杰顿进行了一项有意思的研究，研究者在对发育迟缓（包括患孤独症的孩子）和发育正常的6—9岁的孩子进行分别教学时，将音乐整合到孩子的社会游戏中。他们发现，音乐极大地促进了两个小组的理解力和参与社会游戏的能力。他们也注意到，发育迟缓的孩子面对压力时的焦虑水平也下降了。研究还发现，对小朋友使用背景音乐时，他们出现了更多的同伴交往行为。

音乐活动的一大功能是调动人的情绪，"情商"的提出者——美国的戈尔曼博士研究证明，情绪系统控制着生活中大量的效能感和满足感。这些正面的感觉能减少人对社交的焦虑。所以，如果时间和条件都允许的话，不妨多听听音乐，玩玩乐器，这也能建立与世界的连接。

为此，西苑小学王老师、张老师、邵老师向你们推荐了一些中西方名曲：

1. 民族乐器演奏：

古筝《渔舟唱晚》《高山流水》　　琵琶《十面埋伏》《春江花月夜》
柳琴《春到沂河》　　　　　　　　二胡《二泉映月》《赛马》
葫芦丝《月光下的凤尾竹》　　　　唢呐《百鸟朝凤》

2. 西洋乐器演奏：

长笛《小步舞曲》
单簧管《单簧管波尔卡》
小号《那不勒斯舞曲》《小号协奏曲》
小提琴《牧歌》《梁祝》《小夜曲》
大提琴《天鹅》《梦幻曲》
钢琴独奏《牧童短笛》《致爱丽丝》
……更多聆听，请你走进百度音乐、酷狗音乐……

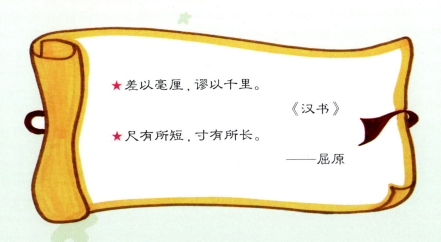

★差以毫厘，谬以千里。
《汉书》

★尺有所短，寸有所长。
——屈原

艺术长廊

1.北京的民间艺术有很多，你是否留心观察了？家乡过年、过节有什么风俗习惯，你了解吗？这些都是中华民族的传统文化。了解它们，我们的生活会更多彩。

端午节用丝线缠个彩色粽子，可以装饰家居，也可送给爸爸、妈妈装饰他们的爱车；

剪个有吉祥意义的窗花、写幅对联为新年增添一些年味；采集几朵美丽的野花，把它们夹在书中干燥后，可以做成美丽的书签；玩泥巴，把它做成好玩的泥玩具，泥咕咕、兔儿爷、大阿福，这都是传统的泥玩具；问问爷爷、奶奶，兔儿爷为什么骑老虎、泥咕咕为什么能吹出好听的声音，问问他们儿时喜欢做的玩具是什么？亲身体验一下吧！

2.你家的周围有历史文化遗迹吗？问问周围的人或查阅资料，了解一下这些遗迹有什么故事传说？你能为这个文物拍张照片或画个速写，给大家讲讲它的故事吗？

3.你参观过博物馆吗？每座博物馆都是一座知识的宝库，到那里走走可以让你大开眼界，去那里看看，你会有很多收获。你能将最吸引你的一件展品拍成照片吗？了解它的故事，与大家分享你的收获吧！

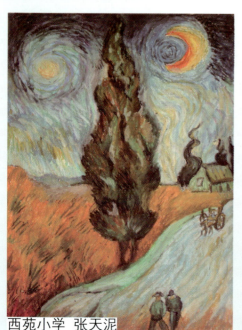

西苑小学 张天泥

推荐大家几个值得参观的地方：

1. 首都博物馆　作为北京人要了解北京文化，一定要去首都博物馆。这里有陶瓷馆、佛像馆、金银器馆、青铜器馆……这里还有专门为儿童开放的活动区，你可以约上几个小朋友打电话预约参与活动。

2. 中国美术馆　在东四附近，那里长年有艺术作品展出。国画、油画、版画……在炎炎夏日，走进清凉的美术馆参观，这真是一种享受。

3. 保利艺术博物馆　位于东四十条，馆藏以 100 余件青铜器为主，另有石刻、书画等举世罕见的艺术珍品。

4. 北京卡通艺术博物馆　朝阳区北花园 6 号院 12 号楼，作为北京市唯一一家以卡通艺术为主题的博物馆，为北京市动漫产业发展动态、展示新兴动漫作品、推广动漫形象及衍生产品提供了重要的平台。

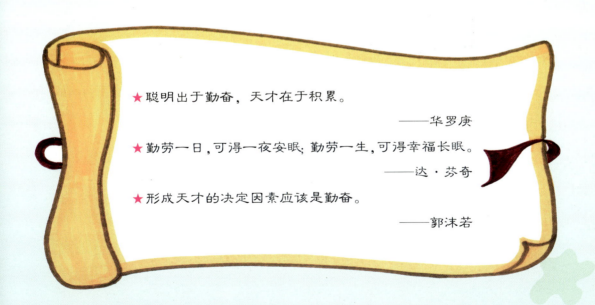

★聪明出于勤奋，天才在于积累。

——华罗庚

★勤劳一日，可得一夜安眠；勤劳一生，可得幸福长眠。

——达·芬奇

★形成天才的决定因素应该是勤奋。

——郭沫若

科学世界

电影中的科学

低年级：

史努比的故事 SNOOPY【4DVD】

小羊肖恩 全40集【6DVD】

小大人系列－十万个为什么：航行篇【5DVD】

小大人系列－十万个为什么：科普篇【5DVD】

小大人系列－十万个为什么：游乐篇【5DVD】

中年级：

企鹅家族全集【9DVD】

Magic School Bus 神奇校车【6DVD】

法国小世界系列－微观世界【2DVD】

高年级：

英国BBC：动物杀戮战场【4VCD】

英国BBC：史前公园【6DVD】

环球国家地理杂志－原始的地球【6DVD】

斗转星移全集【2DVD】

生活中的科学

低年级：

1. 湿的衣服会干，是水的蒸发现象。

2. 烧水水会开，是水的沸腾现象。

3. 冬天水会结冰，是水的凝固现象。

4. 煤炭或者天然气燃烧，是可燃物在空气中的燃烧现象。

5. 镜子可以反射光，是光的反射现象。

6. 水中的物体位置看起来与其实际位置有偏差，是光的折射现象。

7. 仰头点眼药水时微微张嘴，这样眼睛就不会乱眨了。

8. 眼睛进了小灰尘，闭上眼睛用力咳嗽几下，灰尘就会自己出来。

9. 刚刚被蚊子咬完时，涂上肥皂就不会痒了。

10. 早餐多食西红柿等酸性蔬菜和水果，有益于养肝。

中年级：

1. 吃了辣的东西，感觉就要被辣死了，就往嘴里放上少许盐，含一下，吐掉，漱下口，就不辣了。

2. 牙齿黄，可以把生花生嚼碎后含在嘴里，并刷牙三分钟，很有效。

3. 若有小面积皮肤损伤或者烧伤、烫伤，抹上少许牙膏，可立即止血止痛。

4. 经常装茶的杯子里面留下难看的茶渍，用牙膏清洗，非常干净。

5. 嘴里有溃疡，就用维生素贴在溃疡处，等它溶化后溃疡基本就好了。

6. 打嗝时喝点醋，立杆见影。

7. 多吃薏米小豆粥等健脾，可防暑湿。

8. 出门时在包里带一节小的干电池，若裙子带静电，就把电池的正极在裙子上面擦几下即可去掉静电。

9. 插花时，在水里滴上一滴洗洁精，可以维持好几天。

10. 旅行带衣服时如果怕压起褶皱，可以把每件衣服都卷成卷。

高年级：

1. 为什么电风扇、洗衣机、电冰箱等家用电器大多用三线插头？三线插头与三相插头有什么区别？

三相电器指三根不相同的火线，它们每两根线之间的电压都是380伏，一般用于动力系统，多见于工业用电。而家用电器一般采用单相电源供电，其三根线分别是火线、零线（中性线）和地线，火线和零线之间的电压是220伏。所以，这不是三相电，它的插头和插座也不是三相插头和三相插座，地线为的是保障安全。

2. 洗完脸后，用手指沾些细盐在鼻头两侧轻轻按摩，然后再用清水冲洗，黑头和粉刺就会清除干净，毛孔也会变小。

3. 如果嗓子、牙龈发炎了，在晚上把西瓜切成小块，沾着盐吃，记得一定要在晚上，当时症状就会减轻，第二天就好了。

4. 吹风机对着标签吹，等吹到商标的胶热了，就可以很容易的把标签撕下来。

5. 治疗咳嗽，特别是干咳，晚上睡觉前，用纯芝麻香油煎鸡蛋吃，油放稍多些，会有一定的效果。

6. 将残茶叶浸入水中数天后，浇在植物根部，可促进植物生长。

7. 把残茶叶晒干，放到厕所或者沟渠里燃熏，可消除恶臭，具有驱除蚊子苍蝇的功能。

8. 桌子、瓶子表面的不干胶痕迹可以用风油精擦拭。

9. 不管是鞋子的哪个地方磨到了你的脚，那么你可以在鞋子磨脚的地方涂一点点白酒，保证就不磨脚了。

10. 双手易变得干燥粗糙，用醋泡手十分钟可护肤。

11. 把核桃放进锅里蒸十分钟，取出放在凉水里再砸开，就能取出完整的桃核仁了。

12. 头痛时把苹果磨成泥状涂在纱布上，贴在头痛处，症状可减轻。

13. 因外伤碰破皮肉时，在伤处涂上牙膏进行消炎、止血，再包扎，作为临时急救药，以药物牙膏效果最为显著。

14. 发生头痛、头晕时，可在太阳穴涂上牙膏，因为牙膏含有薄荷脑、丁香油可镇痛。

15. 洗头或洗澡时，在水中加五六滴花露水，能起到很好的清凉除菌、祛痱止痒作用。

游戏中的科学

低年级：

米粒四射

利用"摩擦生电"的知识，我们可以做一个小游戏。在一个小碟子里装上一些干燥的米粒。然后，把塑料小汤勺用毛衣或毛料布块摩擦一会儿，这时，汤勺上就产生了电荷，具有了吸引力。用小汤勺靠近盛有小米粒的碟子，这时小米粒受电荷的吸引，就会自动跳起来，吸附在汤勺上。这时，有趣的现象就要发生了——刚刚吸上汤勺的小米粒，一眨眼工夫，它们又像四溅的火花，突然向四周散射开去。这是什么原因呢？

原来，带电的汤勺吸引小米粒的时间是很短的，当小米粒吸附在小汤勺上以后，汤勺上吸附的小米粒就都带有与汤勺同样的电荷。由于同性电荷是相互排斥的，所以吸附在汤勺上的小米粒互相排斥，全部散射开了。

谁先分出来

把粗盐粒和胡椒面掺和在一起，能很快把它们再分开来吗？这个游戏可以一个人玩，也可以几个人同时进行，看谁用最好的办法，最先分出来。

这个游戏的玩法是这样的：先给每人发一把塑料小汤勺，然后在每人桌前放一勺盐、半勺胡椒面。准备好后，裁判就可以发令比赛开始了。谁最先分完，谁为优胜。

这个游戏看起来是比较困难的，如果用手一粒一粒拣盐，肯定是得不了优胜的。如果你懂得一点静电的知识，要想取得优胜，就轻而易举了。参赛者听到裁判"开始"的口令后，把塑料汤勺先在毛衣或别的毛料布上摩擦一会儿，然后把汤勺逐渐靠近盐和胡椒面的混合物。这时，胡椒面就会跳起来吸附在塑料汤勺上。用这个方法，你会很快把盐粒和胡椒面分开。这是因为塑料汤勺经过摩擦带有电荷，产生了吸引力，胡椒面比盐粒轻，所以被吸起来。注意，你不要把汤勺放得太低，否则盐粒也会被吸起来。

小水滴赛跑

为小水滴举办一场赛跑运动会，一定非常有趣。在比赛以前，先要做些准备工作。找一条油纸或是塑料布，作为小水滴比赛的跑道。塑料布最好是有颜色的，这样小水滴在上面跑起来，我们可以看得更清楚一些（需要完全光滑、没有高低不平或皱纹的塑料布）。找几本大小不同的书或砖块，按由高至低的顺序摆好，然后把塑料布铺好。这样一条供小水滴赛跑的"盘山跑道"就做好了。别忘了在跑道的"终点"处放上一个盘子接住小水滴，省得弄得桌上湿漉漉的。

先试着往"盘山跑道"的最高处——起点滴一滴水，你可以看到这滴小水滴从第一个斜坡上滚下来，借助惯性很快爬上了第二个坡顶，紧接着又加速从第二个斜坡滑了下去，就这样，它在这条"盘山跑道"上滚上滚下，一直冲向"终点"。

试完以后，你就可以跟别人一起开始"小水滴赛跑"这个游戏了。每人准备一把小茶匙，茶匙里盛一些水，当裁判发第一道口令时，往跑道上滴一滴水，谁的水滴最先到达终点，记一分，如果谁一次滴了两滴以上，记犯规，给对方加一分。当裁判喊第二道口令，再滴一滴水。最后一轮结束后，谁的得分多，谁为优胜者。

看谁的发音盒能发出狮子的吼声

这个游戏是用纸盒（或木盒、白铁盒）做一个发声装置，不同材料的盒子做成的发声装置，会发出不同的声响。看看谁的盒子发出的声音像狮子的吼声，谁就为优胜者。

这个能发出声音的装置很容易做，只要你找些纸盒，在小盒的一边开一个小孔，然后把一支拴着一根小绳的半截铅笔放进盒里，把小绳从小孔中穿出来。找一块松香在小绳上来回擦一擦，就像用松香擦二胡的弓弦一样，使得小绳变涩。这时，你用一只手握住盒子，用另一只手的拇指和食指去捋绳子，你就会听到一阵很响的声音。有的声音可能像雄狮的吼声，有的声音也许像小狗的吠声。但愿你做的发声装置能发出像雄狮一样的吼声。

你还可以用不同形状、不同材料的盒子多做几个发声装置，也许在你捋动绳子时，盒子的四壁都在发生振动，发出的响声会令人害怕呢！

变色水

这个游戏很有趣——杯子里的颜色一会儿看是红的，一会儿看是绿的。如果你把这个游戏做成功了，别人可能会说你是在变魔术，甚至有人会说你在施展"幻术"。

其实，这个游戏很简单。

先准备一点红墨水或红药水，再找一个无色、无花纹图案的玻璃杯。在游戏开始之前，你可以向大家提一个问题："往这杯水里渗进红墨水（或红药水）以后，杯中的水会是什么颜色？"毫无疑问，大家几乎都会肯定地回答：

"杯子里的水是红色的（或是粉红色的）。"这一点，试试就会知道了。你在杯中滴一点红墨水（或红药水），然后举起杯子朝向灯光，透过杯子看去，水的确是粉红色的。但是，当你把杯子移开灯光，再看一看！哈哈！水的颜色变了——成了绿色。

这是怎么回事呢？真是在玩魔术，还是一种幻觉？

原来，第一次我们看到的是透射光，也就是粉红色的，而第二次我们看到的绿色，是光线从杯中反射出来的光，并没有谁在玩魔术，也没有谁在施展幻术，如果说要有的话，那就是光本身。

做这个游戏时，最好用红药水，容易成功，效果较好。用红墨水时，得事先试一试，不同牌子的墨水，效果不一样，有的甚至做不成这个游戏。

有趣的磁力船

你听说过磁力船吗？听起来似乎很神秘。磁力船确实有吸引人的神秘之处，因为至今还没有一艘有实用价值的磁力船在航线上航行呢！不过，本世纪初，在阿姆斯特丹曾经展出过一只小船，里面没有任何动力装置或推进系统，也没有线牵引它，可它能在水池里不停地转圈，令参观者感到惊讶万分——是什么力量使得这只小船不停地转动呢？其实道理很简单，这只船是用铁做的，而小船游动的水池子下面有一个放在大平底盘子里的强磁铁。这个大盘子用一个电动机带动，慢慢地转动着，小船就跟着磁铁移动的路线游动。

现在，我们也可以玩这个小游戏了。只要找一块软质的木材，削几只不超过 4 厘米长的小船，在每条小船背面钉进一根 2.5 厘米长的铁钉；船上面打个小孔插进一根火柴，再折一个纸三角做"帆"，小船就算做好了。把做好的小船放进一只脸盆里，慢慢移动脸盆下面的强磁铁（可用耳机、广播喇叭里的磁铁代替），小船就可以在你的"导航"下，自由航行了。如果几个小朋友各拿一块磁铁，各自指挥自己的小船，可以进行各种有趣的"海战"游戏。

谁的泡泡大

大家都玩过吹肥皂泡的游戏吧？如果组织一场吹肥皂泡比赛，看谁吹的肥皂泡个儿最大，你能得第一吗？

在这里，告诉你一个吹大肥皂泡的小窍门，只要掌握了这个窍门，你就可能在比赛中获胜。先找来一根金属丝，把它放在一个酒瓶口绕上一圈，就弯成了一个圆圈，然后把它拧紧，做成一个带把的小圆环。取一个小碗，把一块肥皂放进碗里泡上水，再在肥皂水里溶进一些白糖，这样吹出的肥皂泡会更结实一些。把圆环放进肥皂水里，再小心地拿出来，你会看到圆环上有一层肥皂薄膜。把圆环举到嘴前，朝薄膜中央轻微地、缓慢地吹气，你会发现薄膜变成一个小口袋形状，你一边吹，它就一边鼓，最后，"口袋"的后部逐渐与其余部分脱离，成了一个很大的肥皂泡。掌握了一定技巧之后，你就能吹出真正的大肥皂泡了。这时，你可以再试着用另一种方法来吹：把手握起来放进肥皂水中，然后把手轻轻张开，使手指向外伸出，食指和拇指尖连在一起形成一个环，把手小心地从肥皂水里抽出来。这时，手指形成的环形上就会留下一个肥皂薄膜。把手移到嘴边，使手心向上、小手指向外，轻轻对着手上吹气。如果你做得熟练，吹气时小心，就会吹出一个非常美丽的泡泡来。

顶纸条

先每人准备一张纸条，纸条的长度为 30 厘米左右，宽度为 4 厘米左右。参加这个游戏的人可多可少，也可以分为几个小组进行对抗赛。参加者准备好纸条以后，听到裁判发出"开始"的口令以后，就可以想办法把这张纸条拉直竖立着托在自己的手心（手背）上。谁先顶起纸条，并能让它在自己的手心（手背）上持续 10 秒钟以上，就为优胜者。如果是分组比赛，就看哪个组托纸条的累计时间最长，也就是把托起纸条人的托纸条时间一一加起来，累计时间多的那一组为优胜组。

请你试试看，这张纸条可不是那么好托的，如果没有掌握小窍门，无论如何你是托不起纸条的——等你把纸条拉直了，放在手心（手背）上，刚一撒手，纸条又软绵绵地耷拉下来，怎么也立不起来。

托纸条的小窍门，就是事先把准备好的纸条拉直以后，按长度的中心线对折一下，再松开。对折以后的纸条就能直立不倒了。但是，托纸条的功夫还得练，不练是不容易把纸条托起来的，即使你把纸条进行了处理，也不能轻而易举地托起来。

对折以后的纸条为什么就能不再耷拉下来呢？这是因为纸经过折叠，形成一个"梁"，可以起到"加固"作用。经过多次折叠的纸，它的承受力可以增大许多倍，不信，你可以自己动手试一试。

中年级：

巧移乒乓球

准备好一张长条桌（课桌、方桌也行），把几个装有乒乓球的罐头瓶倒扣在桌子上。参加游戏的人，要手拿倒置的瓶子（注意：瓶口不能用任何东西挡住），连同瓶内的乒乓球一起运到前面的终点，谁先到达，谁为优胜者，谁的方法最简单，谁为最佳优胜者。

看起来，这个游戏似乎不可能完成。一拿起倒置的瓶子，扣在里面的乒乓球不就留在桌上了吗？别说把它运走，就是想把它留在瓶里都很难办到。其实，这个游戏是可以进行的。有一个巧妙的办法，可以使你轻而易举地把空瓶连同乒乓球一起运到你要去的地方。只要你抓住瓶子在桌面上做有规律的绕圈运动，带动瓶内的乒乓球沿着瓶子内壁作旋转运动就能做到这一点。因为球在旋转时产生了离心力，等到离心力大于地球对乒乓球的引力以后，乒乓球就在瓶内壁上作惯性运动，就不会从瓶中掉下来了。当然，在你移动瓶子的时候，一定要始终保持绕圈运动是匀速的，要是一会儿快，一会儿慢，乒乓球离开了瓶壁，也会从瓶中掉下来的。

看谁先成功

这个科学游戏是这样的：裁判先给每个参加者各发一份用品，其中包括一个空的玻璃罐头瓶子、一个鸡蛋、一份盐、水。接着，裁判宣布要求：先将瓶内装满水，然后利用现有的这些东西，想办法使鸡蛋既不沉于瓶底，又不浮在水面上。谁先做到这一点，谁就是优胜者。

要让一个东西悬浮在水中可不是那么容易的。只有当这件东西的重量和它排开水的重量相等时，才能出现这种现象。如果要我们这些小朋友去计算鸡蛋的体积，再去比一比与鸡蛋体积相同的水是不是跟鸡蛋的重量相同，真是太难为大家了。怎么办呢？别着急，这里有一个小秘诀，可以帮你解决这个难题。先告诉你这么一个事实：同样多的盐水和淡水相比，盐水要比淡水重。也就是说，盐水的相对密度比较大。一个鸡蛋在很浓的盐水里能够漂起来，而在淡水中却会沉下去。现在，你知道了这个道理，能想出办法了吗？

只要在罐头瓶里装进一半溶了大量盐的水，只要水里的盐足够多，不管鸡蛋的个儿是大是小，都会浮在盐水上。这时，你再小心地、慢慢地把淡水沿着罐头瓶壁倒进去，直到水装满了为止。这时，你就能达到裁判提出的要求，让鸡蛋悬浮在水中。做这个游戏千万别图快，要心灵手巧。

里面有什么？

你知道照相机暗箱里面是怎样的吗？有兴趣的话，想办法做个代用品，亲自观察一下，你一定会感到既新鲜又有趣。

找一个没有盖的旧铁盒（如空罐头盒）、一张蜡纸或油纸、一根皮筋（或细线）、一块大一些的黑布（或毛毯）。先在罐头盒底部的中心打一个小洞（注意洞不要太大），把半透明的油纸或蜡纸蒙在罐头盒的口上，用皮筋绑上或用细线系住。把这个罐头盒放在一个窗台上，从这个窗子看过去，要能看到被太阳照射着的另一间房子、树木或其他景色。这时，你用那块大黑布（或不透光的毯子）盖住你的头和罐头盒（别把钻有小洞的盒底遮住了），使你的眼睛离纸大约 30 余厘米远，这时你会看到一幅带有天然色彩的图景，这幅图景比实物要小一些，而且是倒着的！

当然，这幅画的画面不可能很亮，如果你把小孔稍稍开大一点，画面可能会更亮一些，但就不那么清晰了。

照相机的暗箱里就是这样让外面的景物倒映在装在里面的胶片上的，只不过照相机的"小孔"前装有一块小透镜。所以，它得到的画面又清晰又明亮。

水柱的"魔力"

用脸盆装上小半盆水，把一只乒乓球放在水面上漂浮着。这时，你用水壶灌满一壶凉水，对准乒乓球往下浇去。你一定会以为轻轻漂浮在水面上的乒乓球一定会被急流而下的水柱冲跑。可是，奇怪的现象出现了：乒乓球被湍急的水流冲得不断地在水面上"跳动"，可它却顶着水流始终在原地呆着，并不往旁边"逃去"。随着盆里水位的升高，乒乓球也慢慢地浮起，却仍然不离开冲击它的水柱。这时，即使你让盆里的水震荡翻涌，乒乓球仍"赖"在那里不愿离去。

你还可以把乒乓球放在一个方板凳上做个类似"魔术"般的游戏。只是要先倒水，然后把乒乓球放在水柱溅落处（先放在那里再倒水，球会被冲走），等水柱落到球上，你就可以放手了。这时，乒乓球就会被水柱"定"在凳子上，不会冲走了。而且，假如你把水壶提着慢慢做前后、左右的移动，这个中了"魔力"的乒乓球就会听从指挥，跟着水柱一起移动。你说奇怪不奇怪？

为什么乒乓球会被水柱"吸住"呢？原来，乒乓球周围水流动的时候，使得球周围的空气压力变小。只要球周围水流的情况有变化，那么它周围的空气压力就会跟着发生变化，乒乓球在这种压力作用下不断地调节，始终保持在水柱底部中央，不被水柱冲走。

空气的压力多么奇妙呀！

谁能把一杯水倒过来

这个游戏很简单。参赛者只要准备一只水杯就行了。裁判让大家往杯里装上水（大半杯就行了），用一只手拿好杯子，然后宣布比赛的要求：谁能把这只装有水的杯子倒过来，而不让杯中的水洒出一滴，谁就算成功地完成这个游戏。注意，不能用东西把杯口挡住。

按照常理，这个游戏是无法完成的。谁都知道，别说把杯子倒过来，就是倾斜到一定角度，杯中的水就会流出来。要是把杯子倒过来，那杯里还能留得住水吗？

但是，你仔细想一想，裁判并没有限制你"怎样把杯子倒过来"，在这里，你就有文章可做了。

看过杂技的人，可能都知道有一个节目叫"水流星"。演员们用绳子拴住两个小碗，在碗里盛满水，然后演员就耍起这根绳子，碗里的水一滴也不会洒出来。既然裁判没有限制"怎样把杯子倒过来"，那么，你就可以像杂技演员耍水流星那样，来完成这个游戏。当然，不让杯中的水洒出来，并不是那么容易的，要严格按要求握紧杯子：右手手指朝下拿起水杯，不过要手心向前。然后把手臂伸直，向右再向上方挥动。注意动作要稳，要连贯，不要太慢。手臂转一整圈以后，手回到原来的位置。这时，已经按要求完成了"把杯子倒过来"这个游戏，而水呢，是不会洒出来的。

注：这个游戏最好在室外进行。

谁能把它吹翻

有时，一个很简单、很平常的事，常常会产生令人出乎意料的结果，使你感到百思不得其解。下面这个游戏，可能就属于这类情况。

取一张长 15 厘米、宽 5 厘米的薄纸卡或硬纸片。把它的两头折一下，使这张纸卡或硬纸片成为一座小桥。把这座"小桥"放在桌上，然后，你可以让你的朋友们按照要求来试一试，看谁能把这座小桥吹翻。这个要求就是：人趴在桌面上，嘴对着桥洞使劲地吹气。

结果会是什么样呢？不论是谁，也不论他使出多大的劲来吹气，也不论桌面有多光滑，小桥总是"不动"，别说把它吹翻，就是想把它吹走，也是办不到的。而且，你越是使劲吹，小桥似乎在桌上贴得越牢。如果换一个方向，站在桥墩那边吹呢？你可以不费多大劲就把小桥吹到桌下去了。

小桥这么轻，为什么从桥洞吹，它能稳如泰山呢？这是因为当你往桥洞吹气时，空气就会以一定的速度从桥洞流过。这时，桥洞里的空气压力要比桥上的空气压力低得多。你吹气的力气使得越大，气流流得越快，桥下的压力就越小，而桥上的压力相对就越大。所以，小桥就被牢牢地吸在桌面上了，任凭你怎样吹，它也不在乎。

谁能分得清

这是一个玩得较多的游戏——看谁能分得清哪些是生鸡蛋，哪些是熟鸡蛋。当然，分的时候不许把鸡蛋打破了。先从家里拿一些鸡蛋来（多少不论），其中有几个是煮熟了的。裁判把熟蛋和生蛋混在一起，让参加游戏的人来分，看谁能把熟鸡蛋分出来，谁就是优胜者——可以吃到熟鸡蛋。

有的人可能只是凭猜测去分，也许"撞大运"能撞对一两个，也许一个也分不出来。鸡蛋越多，也就越难区分。

有一个简单的办法，可以使你轻而易举地把生鸡蛋和熟鸡蛋全部分开。用手把鸡蛋放在桌面上向着同一个方向旋转。旋转时，那些晃动而且转速较慢的就是生鸡蛋。因为生鸡蛋里面的蛋黄和蛋白是液体，旋转时，蛋壳旋转了，蛋黄和蛋白由于惯性的作用，仍要保持原来的静止状态，所以，这种不协调使得鸡蛋晃动起来，旋转的速度也就比较慢一些。自然，那些转得又稳，转速又快的就是熟鸡蛋喽。熟鸡蛋里面的蛋黄、蛋白都凝成了固体，能和蛋壳一起旋转，因此它能转得又稳又快。

高年级：

比一比，谁的"火箭"飞得远

在做这个游戏之前，参加者每人先得做一个"压缩气火箭"。具体做法如下：找一只软塑料瓶（比如装胶水的空瓶子或装饮料的空瓶子），在瓶盖上钻一个小孔，插进一根塑料细管（可以把废圆珠笔芯的笔头剪去代替），再用万能胶粘牢。找一根 10 厘米长的、套在塑料管外能够自由滑动的麦秆，在麦秆的一端粘上四张三角形的彩色纸作为火箭的尾翼；另一端用面团封严，捏成火箭头似的形状。等面团干了以后，比赛用具——"压缩气火箭"就算做好了，可以进行比赛了。

比赛时，参赛者并排站在一起，把麦秆做的"火箭"套在塑料管上，裁判发出口令后，参赛者用手使劲一捏瓶子，"火箭"就会嗖的一下，飞出 10 来米远。谁的"火箭"飞的距离远，谁就是优胜者。也可以连续发射多次，把每一次发射的距离加起来，谁的距离远，谁为优胜者。

这个"火箭"的发射原理是这样的：瓶中的空气通过塑料管进入麦秆，因为麦秆的前端是封闭的，进入里面的压缩空气膨胀后向麦秆的后端（没有封闭的一端）喷出，给麦秆一个向前的作用力，麦秆就向前飞去。

肥皂小赛艇

把火柴或羽毛杆的一端从中间劈开（劈开的长度约占总长度的四分之一），在劈缝里镶上一小块肥皂，一个"小赛艇"就做成了。把这个"小赛艇"放在水盆里，它就会自动地在水中快速行驶。

参加做游戏的人，每人都准备数量相同的"小赛艇"，在裁判的统一口令下，同时把"小赛艇"放进盆中（最好在一个大盆中进行，为了安全，不要到池塘边玩这个游戏），看谁的"小赛艇"行驶速度最慢，就给谁记为 1 分，倒数第二名记为 2 分，以此类推。第一批赛艇比赛完了，再进行第二批赛艇的比赛，最后一轮比赛完后，谁的累计分最多，谁就是优胜者。这个游戏还可以比谁的赛艇行驶的距离最远，谁为优胜者。

"小赛艇"之所以能在水中行驶，是因为镶在火柴上的肥皂在水里逐渐溶解，不断破坏着火柴后面水的表面张力，而火柴前面的张力没有被破坏，所以火柴后面的水分子被火柴前面的水分子拉向前去，"赛艇"就前进了。注意，当盆中水的张力都被肥皂水破坏以后，"赛艇"就不会前进了，这时就得及时换水。

喷气快艇

当我们手头上有下面这些材料时，就可以做一只"喷气船"，用来进行比赛。这些材料是：金属小铁盒（扁罐头盒、金属肥皂盒均可）、空铁筒（或圆罐头盒）、两根铁丝、几节蜡烛头。

制作方法是这样的：先在铁筒里面装一些水，注意水量不得超过铁筒容量的三分之一；再把铁筒用一个盖或是别的东西堵死，不让里面的水流出来；然后在盖儿上钻一个小眼，用铁丝把铁筒固定在金属小铁盒上，在铁筒下面放两三节蜡烛头，点着蜡烛头以后，铁筒里的水过一会儿就会烧开，蒸汽会从小眼里喷出来，推动小铁盒向另一个方向前进。于是"喷气船"就做好了。

如果几个小朋友每人都做一只这样的"喷气船"，就可以做一个"赛船"游戏了。当参加者的小船都开始喷气时，就可以把小船放进水里。等裁判一声令下，一撒手，小船就可以向前驶去。比比看，哪一艘船跑得最快。

用这个方法，你可以用各种不同的材料制成各种不同的小"喷气船"，也可以做各种不同的游戏。

气体举重机

如果有人说，他能用呼出的气把 10 公斤重的东西升上一定的高度，你一定会认为他是在吹牛："哪会有这样的事呢？根本不可能！"可是，只要我告诉你一个简单的方法，呼出的气是完全可以举起 10 公斤重物的，你自己也能做到这一点，不信，你自己试一试。

在桌子上放一个结实的长方形纸袋或是一个塑料袋，大小能放进两本厚书就行。再在上面放上一大堆书——拿你能找到的最厚、最重的书。这时，你可以开始往袋里吹气了。要注意，吹气口应该很小，这样吹起来比较容易一些，不需要费很大的力气。吹气要慢一些，吹得要匀一些。你会发现你吹出来的气，进到袋里以后，随着袋子慢慢地鼓涨，轻而易举地就把上面一大堆书举起来了。这时，你会兴奋起来，原来我呼出来的气有这样神奇的作用呀！

其实，只要这个纸袋或塑料袋的尺寸是 10 厘米 × 20 厘米（200 平方厘米），你只要吹出稍微比一个大气压大一点的气，就可以使袋子得到一个 20 公斤的力。因此，很容易举起 10 公斤的重物。

为什么会向上滚？

由于地球引力的作用，任何东西都是由上往下落，高处的水向低处流；坡上的石头，往坡下滚。你能想象出往坡上滚动的物体是怎么回事吗？

下面这个实验就可以让你看到这个有趣的现象。先用厚纸或薄卡片做成两个圆锥体，然后用胶水（或浆糊）把它们对接在一起；把一本大书和一本小书相隔一定距离放好，注意：应该是书背向上才能放得稳些，在书上架两根圆筷子或圆木棍，放的时候，让较高的一头的圆筷子比较低的一头略为撇开一些。现在，你可以把刚刚做好的双圆锥体放在木棍靠近小书的一端，也就是较低的一端。这时，你会惊奇地发现双圆锥体像是谁给它施了"魔法"，竟然沿着"轨道"向上坡滚动。看起来不可能的事情，居然真的出现了。

真是双圆锥体向上坡滚动吗？地球的引力对双圆锥体不起作用了吗？不是，你把双圆锥体放在木棍上再让它滚一次，你仔细观察双圆锥体是怎样滚动的？你一定会发现其中的奥秘。看一看双圆锥体的两头，它们搁在靠得较拢的两根木棍上，是什么情形？滚动后，由于两根木棍之间的距离越来越大，双圆锥体实际上是向下走的。仔细看看，是不是这么回事？

注意：玩这个游戏时，两本书的高度不能相差太悬殊了。

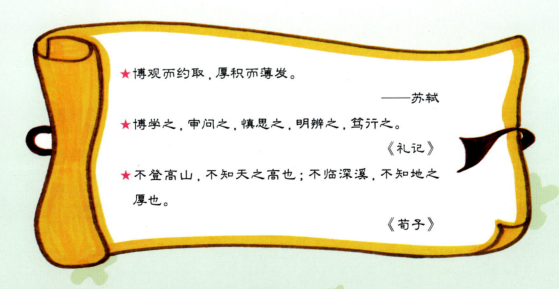

★博观而约取，厚积而薄发。

——苏轼

★博学之，审问之，慎思之，明辨之，笃行之。

《礼记》

★不登高山，不知天之高也；不临深溪，不知地之厚也。

《荀子》

同学们：

　　言为心声、字为心画。一笔好字人人向往。就请你从以下字帖中选择一本自己喜欢的进行练习吧。记住"水滴石穿"，练字一定要有毅力与恒心，当然也要动脑筋。

西苑小学书法教师

正确的执笔方法

图2

正确的写字姿势

图1

亲爱的孩子们：

高尔基先生说过："书籍是人类进步的阶梯。"

多读书，可以让你有更多的写作灵感，可以获取更多的写作方法。在写作的时候，我们往往可以运用一些书中的好词好句和名言警句，让别人觉得你更富有文采。

多读书可以陶冶性情。俗话说："第一印象最重要。"多读书会使你温文尔雅、知书答礼、颇有风度。

培根先生说过："知识就是力量。"不错，多读书，增长了课外知识，可以让你感到浑身充满了一股力量。这种力量可以激励着你不断地前进，不断地成长。从书中，你往往可以发现自己身上的不足之处，使你不断地改正错误，明确自己前进的方向。所以，书也是我们的良师益友。

多读书，可以让你变聪明，变得有智慧。这样，你就可以勇敢地面对困难，用自己的方法来解决问题，向自己的人生目标上不断迈进。

读书是一种休闲，是一种娱乐的方式，可以调节身体的血液流动，使你身心健康。在书的海洋里遨游，是无限快乐的！

读书的好处可真多呀！所以，应该多读书，为我们以后的人生道路打下坚实的基础！

为此，老师、爸爸、妈妈和同伴们向大家推荐了很多好书，希望你在假期中快乐阅读。别忘了，用彩色笔把你读过的那一本涂上颜色，六年后，你就会发现你竟然为自己绘出了一条七彩读书路。试试吧，让阅读成为一种习惯！

老师们推荐：

2011年4月21日，"中国小学生基础阅读书目"在国家图书馆正式发布。由儿童教育学、儿童心理学、儿童文学等多个领域的专家以及一批小学教师共同参与研究，参考了国内外近50个儿童文学奖项和100多种推荐书单，从数万种小学生能够阅读的各类图书中精选出了适合中国小学生阅读的基础图书。

孩子们，快点和爸爸妈妈去图书大厦找一找这些书，相信你一定会喜欢的。

中国小学生基础阅读书目

一、中国小学生基础阅读书目表（30本）（2011年版）

小学低段（1—2年级，10本）

文 学：

《蝴蝶·豌豆花》 金波／编，蔡皋等／画

《稻草人》 叶圣陶／著

《没头脑和不高兴》 任溶溶／著

《小猪唏哩呼噜》 孙幼军／著，裘兆明／图

《猜猜我有多爱你》 （爱尔兰）麦克布雷尼／著，
（英国）婕朗／绘，梅子涵／译

《不一样的卡梅拉（我想去看海）》（法国）约里波瓦／著，
（法国）艾利施／绘，郑迪蔚／译

科 学：

《第一次发现（濒临危机的动物）》 （法国）伽利玛少
儿出版社／编，（法国）雨果／绘，王文静／译

《神奇校车（在人体中游览）》（美国）乔安娜·柯尔／著，
（美国）布鲁斯·迪根／绘

人 文：

《千字文 三字经 弟子规》 周兴嗣、王应麟、
李毓秀／著，罗容海、郝光明、王军丽／译注

《中国神话故事》 聂作平／编著

小学中段（3—4年级，10本）

文学：

《千家诗》 谢枋得、王相／编选，李乃龙／译注

《三毛流浪记》 张乐平／绘

《宝葫芦的秘密》 张天翼／著，丁午／图

《安徒生童话》 （丹麦）安徒生／著，叶君健／译

《长袜子皮皮》 （瑞典）林格伦／著，李之义／译

《亲爱的汉修先生》 （美国）贝芙莉·克莱瑞／著，柯倩华／译

科学：

《奇妙的数王国》 李毓佩／著

《让孩子着迷的 $77×2$ 个经典科学游戏》 （日本）后藤道夫／著，施雯黛、王蕴洁／译

人文：

《林汉达历史故事集》 林汉达／著

《书的故事》（苏联）伊林／著，胡愈之／译

小学高段（5—6年级，10本）

文学：

《西游记》 吴承恩／著

《城南旧事》 林海音／著，关维兴／图

《草房子》 曹文轩／著

《我的妈妈是精灵》 陈丹燕／著

《夏洛的网》 （美国）E·B·怀特／著，任溶溶／译

科学：

《科学家故事 100 个》 叶永烈／著

《昆虫记》 （法国）法布尔／著，陈筱卿／译

《地心游记》 （法国）凡尔纳／著，杨宪益、闻时清／译

二、"中国小学生基础阅读书目"推荐书目表（70本）（2011年版）

小学低段（1—2年级，15本）

文学：

《百岁童谣》　山蔓／编著

《寻找快活林》　杨红樱／著，大青工作室／绘

《熊梦蝶 蝶梦熊》　郝广才／著，（俄）欧尼可夫／绘

《月光下的肚肚狼》　冰波／著

《格林童话选》（德国）格林兄弟／著，魏以新／译

《让路给小鸭子》（美国）麦克洛斯基／编绘，柯倩华／译

《青蛙和蟾蜍》（美国）洛贝尔／著，潘人木、党英台／译

《木偶奇遇记》（意大利）卡洛·科洛迪／著，徐调孚／译

《了不起的狐狸爸爸》（美国）罗尔德·达尔／著，代维／译

《我和小姐姐克拉拉》（德国）迪米特尔·茵可夫／著，陈俊／译

科学：

《一粒种子的旅行》（德国）安妮·默勒／著，王乾坤／译

《鼹鼠博士的地震探险》（日本）松冈达英／著，蒲蒲兰／译

《动物王国大探秘》（英国）茱莉亚·布鲁斯／文，兰·杰克逊／图，杨阳、王艳娟／译

人文：

《笠翁对韵》　李渔／著

《人》（美国）彼得·史比尔／著，李威／译

小学中段（3—4年级，25本）

文学：

《武松打虎》　刘继卣／绘

《孙悟空在我们村子里》　郭风／著

《让太阳长上翅膀》　金波／著

《小英雄雨来》　管桦／著

《戴小桥全传》梅子涵著

《舒克贝塔航空公司》郑渊洁/著

《我是白痴》王淑芬/著

《雪花人》（美国）马丁/文，阿扎里安/图，柯倩华/译

《父与子》（德国）卜劳恩/绘，洪佩琪/编

《丁丁历险记》（比利时）埃尔热/编绘，王炳东/译

《爱丽丝漫游奇境记》（英国）刘易斯·卡诺尔/著，王永年/译

《柳树间的风》（英国）肯尼思·格雷厄姆/著，任溶溶/译

《彼得·潘》（法国）巴里/著，杨静远/译

《时代广场的蟋蟀》（美国）赛尔登/著，傅湘雯译

《窗边的小豆豆》（日本）黑柳彻子/著，岩崎千弘绘，赵玉皎/译

科学：

《生命的故事》（英国）维吉尼亚·李·伯顿著/绘，刘宇清/译

《最美的科普·四季时钟系列》（德国）雅各布/著，顾白/译

《有趣的科学》（英国）温斯顿/著，刘建湘/译

《101个神奇的实验》（德国）安提亚·赛安，艾克·冯格/文，夏洛特·瓦格勒/图，谢霜/译

《我的第一本科学漫画书》（韩国）洪在彻等/著，林虹均/译

人文：

《成语故事》李新武/编

《图说中国节》大乔/编

《讲给孩子的中国地理》刘兴诗/著

《希腊神话故事》聂作平/编著

《儿童哲学智慧书（第一辑）》（法国）奥斯卡·柏尼菲等/著，乐特等/绘，李玮/译

小学高段（5—6年级，30本）

文学：

《绘本聊斋》蒲松龄/著，马兰、王育生等/改编，吴明山、叶毓中/等绘

《寄小读者》冰心/著

《有老鼠牌铅笔吗？》张之路/著

《四弟的绿庄园》秦文君/著

《我要做好孩子》黄蓓佳/著

《狼王梦》沈石溪/著

《狼獾河》格日勒其木格·黑鹤/著

《铁丝网上的小花》（意大利）克里斯托夫·格莱兹/著，罗伯特·英诺森提/绘，代维/译

《鲁滨逊漂流记》（英国）笛福/著

《汤姆·索亚历险记》（美国）马克·吐温/著，刁克利/译

《福尔摩斯探案全集》（英国）柯南道尔/著，俞步凡/译

《小王子》（法国）安东尼·德·圣–埃克苏佩里/著，周克希/译

《永远讲不完的故事》（德国）米切尔·恩德/著，李士勋/译

《哈利·波特与魔法石》（英国）J.K罗琳/著，苏农/译

《不老泉》（美国）纳塔莉·巴比特/著，肖慧/译

《牧羊少年奇幻之旅》（巴西）保罗·柯艾略/著，丁文林/译

科学：

《飞向人马座》郑文光/著

《潘家铮院士科幻作品集》潘家铮/著

《安德的游戏》（美国）奥森·斯科特·卡德/著，李毅/译

《森林报》（苏联）维·比安基/著，王汶/译

《万物简史（少儿版）》（英国）布莱森/著，严维明/译

《科学家工作大揭密》（英国）理查德·斯皮尔伯利、路易斯·斯皮尔伯利、迈克·安文等著，王庆/译

人文：

《我们的母亲叫中国》苏叔阳/著

《老子说 庄子说》蔡志忠/编绘

《世纪三国》罗伯英潘/绘，钟孟舜/漫画，罗吉甫/撰文

《中国孩子的梦》谷应/著

《莎士比亚戏剧故事集》（英国）查尔斯·兰姆 玛丽·兰姆/改写，萧乾/译

《希利尔讲艺术史》（美国）希利尔/著，李爽、朱玲/译

《诺贝尔奖获得者与儿童的对话》（德国）贝蒂娜·施蒂克尔/编，张荣昌/译

《居里夫人的故事》（英国）杜尔利/著，二粟/译

爸爸、妈妈们推荐：

亲爱的孩子们，你们喜欢小昆虫吗？你们看过法布尔写的《昆虫记》吗？在我们小的时候，这本书使我们十分着迷，原来昆虫世界有这么多的奥秘，我们知道了一些鲜为人知的昆虫常识和生活习性：蝉在地下"潜伏"四年才能钻出地面，在阳光下歌唱五个星期；蟋蟀善于建造巢穴，管理家务；蜘蛛在捕获食物、编织罗网方面具有才能，人类用三角尺和圆规也未必能画出那么准确的网；螳螂善于用"心理战术"制服敌人，使对方惊慌失措……

孩子们，你们还想知道关于昆虫的其他奥秘吗？那就请你们打开这本书去阅读吧，种种奇妙的现象都会展现在你的眼前，足不出户就能感受到昆虫世界的奇妙。

孩子们，随着时代的发展，这样的书籍越来越多，我们特别向大家推荐以下这些书籍：

《第一次发现（濒临危机的动物）》法国伽利玛少儿出版社/编，

（法国）雨果/绘，王文静/译

《神奇校车（在人体中游览）》（美国）乔安娜·柯尔/著，

（美国）布鲁斯·迪根/绘

《奇妙的数王国》李毓佩/著

《让孩子着迷的77×2个经典科学游戏》（日本）后藤道夫/著，

施雯黛、王蕴洁/译

《科学家故事100个》叶永烈/著

《地心游记》（法国）凡尔纳/著，杨宪益、闻时清/译

哥哥、姐姐们推荐：

亲爱的弟弟、妹妹们，大家好！我想最让我们着迷的还是那些写我们校园生活的书籍，其中我们最喜欢杨红樱阿姨笔下的马小跳。他虽然学习成绩不好，但他却乐于助人、勇于探索。一会儿帮助卖花的小女孩，一会儿解救一头即将被吃了的小羊，一会儿和他的玩伴野猪"旋风"去探险。看完这本书的时候，我总是羡慕里面的马小跳，我真想一头钻进书里和马小跳一起去探险玩耍。

"淘气包马小跳系列"是杨红樱阿姨创作的，作品诙谐幽默、好玩有趣。书中生动地描写了一群调皮的孩子们的快乐生活以及他们和家长、老师、同学的好玩的故事，可有意思了。

对啦！近几年杨阿姨还连续出版了《非常男生》、《非常女生》、《非常老师》《非常妈妈》、《非常爸爸》等校园生活题材的小说，希望大家抽时间来阅读呦！

语 文 天 地

诗、文：

试着记一记：多积累，日子久了，你会发现你越来越（男孩子：儒雅；女孩子：优雅），腹有诗书气自华嘛！

静夜思
（唐）李白

床前明月光，
疑是地上霜。
举头望明月，
低头思故乡。

春晓
（唐）孟浩然

春眠不觉晓，
处处闻啼鸟。
夜来风雨声，
花落知多少。

池上
（唐）白居易

小娃撑小艇，
偷采白莲回。
不解藏踪迹，
浮萍一道开。

绝句
（唐）杜甫

两个黄鹂鸣翠柳，
一行白鹭上青天。
窗含西岭千秋雪，
门泊东吴万里船。

赠汪伦
（唐）李白

李白乘舟将欲行，
忽闻岸上踏歌声。
桃花潭水深千尺，
不及汪伦送我情。

小儿垂钓
（唐）胡令能

蓬头稚子学垂纶，
侧坐莓苔草映身。
路人借问遥招手，
怕得鱼惊不应人。

春夜喜雨
（唐）杜甫

好雨知时节，当春乃发生。
随风潜入夜，润物细无声。
野径云俱黑，江船火独明。
晓看红湿处，花重锦官城。

长歌行
汉乐府

青青园中葵，朝露待日晞。
阳春布德泽，万物生光辉。
常恐秋节至，焜黄华叶衰。
百川东到海，何时复西归？
少壮不努力，老大徒伤悲。

杂诗
（唐）王维

君自故乡来，
应知故乡事。
来日绮窗前，
寒梅著花未？

山行
（唐）杜牧

远上寒山石径斜，
白云生处有人家。
停车坐爱枫林晚，
霜叶红于二月花。

夜宿山寺
（唐）李白

危楼高百尺，
手可摘星辰。
不敢高声语，
恐惊天上人。

望庐山瀑布
（唐）李白

日照香炉生紫烟，
遥看瀑布挂前川。
飞流直下三千尺，
疑是银河落九天。

惠崇《春江晓景》
（宋）苏轼

竹外桃花三两枝，
春江水暖鸭先知。
蒌蒿满地芦芽短，
正是河豚欲上时。

所见
（清）袁牧

牧童骑黄牛，
歌声振林樾。
意欲捕鸣蝉，
忽然闭口立。

花影
（宋）苏轼

重重叠叠上瑶台，
几度呼童扫不开。
刚被太阳收拾去，
却教明月送将来。

玉不琢，不成器。
人不学，不知义。
为人子，方少时。
亲师友，习礼仪。
——《三字经》选段

咏风
（唐）虞世南

逐舞飘轻袖，
传歌共绕梁。
动枝生乱影，
吹花送远香。

对韵歌

天对地　雨对风
天高对地阔
细雨对微风
朝露白　晚霞红
日出雄鸡唱
月下草虫鸣

阅读：

　　亲爱的孩子，学校为你推荐了那么多书，选出你喜欢的读一读，你可以边读边圈画一些优美的词句，开学后我们可以交流一下。

咏柳
（唐）贺知章

碧玉妆成一树高，
万条垂下绿丝绦。
不知细叶谁裁出，
二月春风似剪刀。

华山
（宋）寇准

只有天在上，
更无山与齐。
举头红日近，
回首白云低。

小池
（宋）杨万里

泉眼无声惜细流，
树阴照水爱晴柔。
小荷才露尖尖角，
早有蜻蜓立上头。

早发白帝城
（唐）李白

朝辞白帝彩云间，
千里江陵一日还。
两岸猿声啼不住，
轻舟已过万重山。

黄鹤楼送孟浩然之广陵
（唐）李白

故人西辞黄鹤楼，
烟花三月下扬州。
孤帆远影碧空尽，
唯见长江天际流。

竹枝词
（唐）刘禹锡

杨柳青青江水平，
闻郎江上踏歌声。
东边日出西边雨，
道是无晴却有晴。

宿新市徐公店
（宋）杨万里

篱落疏疏一径深，
树头花落未成阴。
儿童急走追黄蝶，
飞入菜花无处寻。

塞下曲
（唐）卢纶

林暗草惊风，
将军夜引弓。
平明寻白羽，
没在石棱中。

送杜少府之任蜀州
（唐）王勃

城阙辅三秦，风烟望五津。
与君离别意，同是宦游人。
海内存知己，天涯若比邻。
无为在歧路，儿女共沾巾。

晓出净慈寺送林子方
（宋）杨万里

毕竟西湖六月中，
风光不与四时同。
接天莲叶无穷碧，
映日荷花别样红。

赠花卿
（唐）杜甫

锦城丝管日纷纷，
半入江风半入云。
此曲只应天上有，
人间能得几回闻。

示儿
（宋）陆游

死去元知万事空，
但悲不见九州同。
王师北定中原日，
家祭无忘告乃翁。

望天门山
（唐）李白

天门中断楚江开，
碧水东流至此回。
两岸青山相对出，
孤帆一片日边来。

敕勒歌
北朝民歌

敕勒川，阴山下。
天似穹庐，笼盖四野。
天苍苍，野茫茫，
风吹草低见牛羊。

鸟
（唐）白居易

谁道群生性命微，
一般骨肉一般皮。
劝君莫打枝头鸟，
子在巢中望母归。

望洞庭
（唐）刘禹锡

湖光秋月两相和，
潭面无风镜未磨。
遥望洞庭山水翠，
白银盘里一青螺。

元日
（宋）王安石

爆竹声中一岁除，
春风送暖入屠苏。
千门万户曈曈日，
总把新桃换旧符。

竹里馆
（唐）王维

独坐幽篁里，
弹琴复长啸。
深林人不知，
明月来相照。

大林寺桃花
（唐）白居易

人间四月芳菲尽，
山寺桃花始盛开。
长恨春归无觅处，
不知转入此中来。

望月怀远
（唐）张九龄

海上生明月，天涯共此时。
情人怨遥夜，竟夕起相思。
灭烛怜光满，披衣觉露滋。
不堪盈手赠，还寝梦佳期。

《弟子规》节选四

读书法，有三到。心眼口，信皆要。
方读此，勿慕彼。此未终，彼勿起。
宽为限，紧用功。工夫到，滞塞通。
心有疑，随札记。就人问，求确义。

阅读：

　　亲爱的孩子，学校为你推荐了那么多书，选出你喜欢的读一读，你可以边读边圈画一些优美的词句，开学后我们可以交流一下。

绝句
（唐）杜甫

迟日江山丽，
春风花草香。
泥融飞燕子，
沙暖睡鸳鸯。

村居
（清）高鼎

草长莺飞二月天，
拂堤杨柳醉春烟。
儿童散学归来早，
忙趁东风放纸鸢。

石灰吟
（明）于谦

千锤万凿出深山，
烈火焚烧若等闲。
粉身碎骨浑不怕，
要留清白在人间。

江雪
（唐）柳宗元

千山鸟飞绝，
万径人踪灭。
孤舟蓑笠翁，
独钓寒江雪。

乡村四月
（宋）翁卷

绿遍山原白满川，
子规声里雨如烟。
乡村四月闲人少，
才了蚕桑又插田。

江上渔者
（宋）范仲淹

江上往来人，
但爱鲈鱼美。
君看一叶舟，
出没风波里。

游子吟
（唐）孟郊

慈母手中线，游子身上衣。
临行密密缝，意恐迟迟归。
谁言寸草心，报得三春晖。

江南
汉乐府

江南可采莲，莲叶何田田。
鱼戏莲叶间。
鱼戏莲叶东，鱼戏莲叶西，
鱼戏莲叶南，鱼戏莲叶北。

夏日绝句
（宋）李清照

生当作人杰，
死亦为鬼雄。
至今思项羽，
不肯过江东。

鸟鸣涧
（唐）王维

人闲桂花落，
夜静春山空。
月出惊山鸟，
时鸣春涧中。

暮江吟
（唐）白居易

一道残阳铺水中，
半江瑟瑟半江红。
可怜九月初三夜，
露似真珠月似弓。

春江花月夜（节选）
（唐）张若虚

江天一色无纤尘，
皎皎空中孤月轮。
江畔何人初见月？
江月何年初照人？

月夜忆舍弟（节选）
（唐）杜甫

戍鼓断人行，
边秋一雁声。
露从今夜白，
月是故乡明。

九月九日忆山东兄弟
（唐）王维

独在异乡为异客，
每逢佳节倍思亲。
遥知兄弟登高处，
遍插茱萸少一人。

书湖阴先生壁
（宋）王安石

茅檐长扫净无苔，
花木成畦手自栽。
一水护田将绿绕，
两山排闼送青来。

西江月
（宋）辛弃疾

明月别枝惊鹊，清风半夜鸣蝉。
稻花香里说丰年，听取蛙声一片。
七八个星天外，两三点雨山前。
旧时茅店社林边，路转溪桥忽见。

寄扬州韩绰判官
唐（杜牧）

青山隐隐水迢迢，
秋尽江南草未凋。
二十四桥明月夜，
玉人何处教吹箫。

琵琶行（节选）
（唐）白居易

大弦嘈嘈如急雨，
小弦切切如私语。
嘈嘈切切错杂弹，
大珠小珠落玉盘。

凉州词
（唐）王翰

葡萄美酒夜光杯，
欲饮琵琶马上催。
醉卧沙场君莫笑，
古来征战几人回。

入京
（明）于谦

绢帕麻菇与线香，
本资民用反为殃。
清风两袖朝天去，
免得闾阎话短长。

热情推荐：（抑扬顿挫读一读）

钱塘湖春行
（唐）白居易

孤山寺北贾亭西，水面初平云脚低。
几处早莺争暖树，谁家新燕啄春泥。
乱花渐欲迷人眼，浅草才能没马蹄。
最爱湖东行不足，绿杨阴里白沙堤。

白雪歌送武判官归京（节选）
（唐）岑参

北风卷地白草折，
胡天八月即飞雪。
忽如一夜春风来，
千树万树梨花开。

浣溪沙
（宋）苏轼

簌簌衣巾落枣花，村南村北响缫车，牛衣古柳卖黄瓜。　酒困路长惟欲睡，日高人渴漫思茶，敲门试问野人家？

浣溪沙
（宋）晏殊

一曲新词酒一杯，去年天气旧亭台。夕阳西下几时回？　无可奈何花落去，似曾相识燕归来。小园香径独徘徊。

如梦令
（宋）李清照

常记溪亭日暮，沉醉不知归路。兴尽晚回舟，误入藕花深处。争渡，争渡，惊起一滩鸥鹭。

阅读：

亲爱的孩子，学校为你推荐了那么多书，选出你喜欢的读一读，你可以边读边圈画一些优美的词句，有感而发时还可以在书边写上自己的感受，开学后我们可以交流一下。

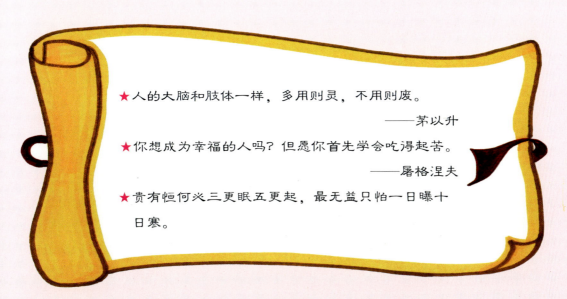

★人的大脑和肢体一样，多用则灵，不用则废。
　　　　　　　　　　　　　　——茅以升
★你想成为幸福的人吗？但愿你首先学会吃得起苦。
　　　　　　　　　　　　　　——屠格涅夫
★贵有恒何必三更眠五更起，最无益只怕一日曝十日寒。

兰溪棹歌
（唐）戴叔伦

凉月如眉挂柳湾，
越中山色镜中看。
兰溪三日桃花雨，
半夜鲤鱼来上滩。

桃花溪
（唐）张旭

隐隐飞桥隔野烟，
石矶西畔问渔船。
桃花尽日随流水，
洞在清溪何处边。

题临安邸
（宋）林升

山外青山楼外楼，
西湖歌舞几时休？
暖风熏得游人醉，
直把杭州作汴州。

江畔独步寻花
（唐）杜甫

黄四娘家花满蹊，
千朵万朵压枝低。
留连戏蝶时时舞，
自在娇莺恰恰啼。

游园不值
（宋）叶绍翁

应怜屐齿印苍苔，
小扣柴扉久不开。
春色满园关不住，
一枝红杏出墙来。

舟夜书所见
（清）查慎行

月黑见渔灯，
孤光一点萤。
微微风簇浪，
散作满河星。

春日
（宋）朱熹

胜日寻芳泗水滨，
无边光景一时新。
等闲识得东风面，
万紫千红总是春。

滁州西涧
（唐）韦应物

独怜幽草涧边生，
上有黄鹂深树鸣。
春潮带雨晚来急，
野渡无人舟自横。

《大风歌》
（西汉）刘邦

大风起兮云飞扬，
威加海内兮归故乡，安
得猛士兮守四方！

房兵曹胡马
（唐）杜甫

胡马大宛名，锋棱瘦骨成。
竹批双耳峻，风入四蹄轻。
所向无空阔，真堪托死生。
骁腾有如此，万里可横行。

马诗
（唐）李贺

大漠沙如雪，
燕山月似钩。
何当金络脑，
快走踏清秋。

过分水岭
（唐）温庭筠

溪水无情似有情，
入山三日得同行。
岭头便是分头处，
惜别潺湲一夜声。

饮湖上初晴后雨
（宋）苏轼

水光潋滟晴方好，
山色空濛雨亦奇。
欲把西湖比西子，
淡妆浓抹总相宜。

乌衣巷
（唐）刘禹锡

朱雀桥边野草花，
乌衣巷口夕阳斜。
旧时王谢堂前燕，
飞入寻常百姓家。

浪淘沙
（唐）白居易

白浪茫茫与海连，
平沙浩浩四无边。
暮去朝来淘不住，
遂令东海变桑田。

鹿柴
（唐）王维

空山不见人，
但闻人语响。
返景入深林，
复照青苔上。

乐游原
（唐）李商隐

向晚意不适，
驱车登古原。
夕阳无限好，
只是近黄昏。

冬景
（宋）苏轼

荷尽已无擎雨盖，
菊残犹有傲霜枝。
一年好景君须记，
最是橙黄橘绿时。

热情推荐： （抑扬顿挫读一读）

长相思
（清）纳兰性德

山一程，水一程，身向榆关那畔行，
夜深千帐灯。

风一更，雪一更，聒碎乡心梦不成，
故园无此声。

秋夜将晓出篱门迎凉有感
（宋）陆游

三万里河东入海，
五千仞岳上摩天。
遗民泪尽胡尘里，
南望王师又一年。

宣州谢朓楼饯别校书叔云
（唐）李白

弃我去者，昨日之日不可留；
乱我心者，今日之日多烦忧。
长风万里送秋雁，对此可以酣高楼。
蓬莱文章建安骨，中间小谢又清发。
俱怀逸兴壮思飞，欲上青天揽明月。
抽刀断水水更流，举杯消愁愁更愁。
人生在世不称意，明朝散发弄扁舟。

破阵子

（宋）辛弃疾

醉里挑灯看剑，梦回吹角连营。八百里分麾下炙，五十弦翻塞外声，沙场秋点兵。　马作的卢飞快，弓如霹雳弦惊。了却君王天下事，赢得生前身后名。可怜白发生！

渔家傲

（宋）范仲淹

塞下秋来风景异，衡阳雁去无留意。四面边声连角起，千嶂里，长烟落日孤城闭。　浊酒一杯家万里，燕然未勒归无计。羌管悠悠霜满地，人不寐，将军白发征夫泪。

水调歌头

（宋）苏轼

明月几时有？把酒问青天。不知天上宫阙，今夕是何年。我欲乘风归去，又恐琼楼玉宇，高处不胜寒。起舞弄清影，何似在人间。　转朱阁，低绮户，照无眠。不应有恨，何事长向别时圆？人有悲欢离合，月有阴晴圆缺，此事古难全。但愿人长久，千里共婵娟。

阅读：

亲爱的孩子，学校为你推荐了那么多书，选出你喜欢的读一读，你可以边读边圈画一些优美的词句，有感而发时还可以在书边写上自己的感受，开学后我们可以交流一下。

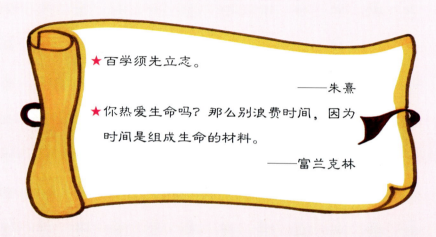

★百学须先立志。

——朱熹

★你热爱生命吗？那么别浪费时间，因为时间是组成生命的材料。

——富兰克林

登飞来峰
（宋）王安石

飞来峰上千寻塔，
闻说鸡鸣见日升。
不畏浮云遮望眼，
只缘身在最高层。

题西林壁
（宋）苏轼

横看成岭侧成峰，
远近高低各不同。
不识庐山真面目，
只缘身在此山中。

蜂
（唐）罗隐

不论平地与山尖，
无限风光尽被占。
采得百花成蜜后，
为谁辛苦为谁甜？

秋浦歌
（唐）李白

炉火照天地，
红星乱紫烟。
赧郎明月夜，
歌曲动寒川。

渔歌子
（唐）张志和

西塞山前白鹭飞，
桃花流水鳜鱼肥。
青箬笠，绿蓑衣，
斜风细雨不须归。

凉州词
（唐）王之涣

黄河远上白云间，
一片孤城万仞山。
羌笛何须怨杨柳，
春风不度玉门关。

浪淘沙
（唐）刘禹锡

九曲黄河万里沙，
浪淘风簸自天涯。
如今直上银河去，
同到牵牛织女家。

出塞
（唐）王昌龄

秦时明月汉时关，
万里长征人未还。
但使龙城飞将在，
不教胡马度阴山。

墨梅图题诗
（元）王冕

吾家洗砚池头树，
个个花开淡墨痕。
不要人夸好颜色，
只留清气满乾坤。

墨竹图题诗
（清）郑燮

衙斋卧听萧萧竹，
疑是民间疾苦声。
些小吾曹州县吏，
一枝一叶总关情。

清平乐·村居
（宋）辛弃疾

茅檐低小，溪上青青草。醉里吴音相媚好，白发谁家翁媪？　　大儿锄豆溪东，中儿正织鸡笼。最喜小儿亡（读 wú）赖，溪头卧剥莲蓬。

苍松怪石图题诗
（清）李方膺

君不见，岁之寒，何处求芳草。
又不见，松之乔，青青复矫矫。
天地本无心，万物贵其真。
直干壮川岳，秀色无等伦。
饱历冰与霜，千年方未已。
拥护天阙高且坚，　迥干春风碧云里。

十五从军征
（汉）《乐府诗集》

十五从军征，八十始得归。
道逢乡里人："家中有阿谁？"
"遥看是君家，松柏冢累累。"
兔从狗窦入，雉从梁上飞。
中庭生旅谷，井上生旅葵。
春谷持作饭，采葵持作羹。
羹饭一时熟，不知贻阿谁。
出门东向看，泪落沾我衣。

卜算子 咏梅
毛泽东

风雨送春归，
飞雪迎春到。
已是悬崖百丈冰，
犹有花枝俏。

俏也不争春，
只把春来报。
待到山花烂漫时，
她在丛中笑。

行路难
（唐）李白

金樽清酒斗十千，玉盘珍馐直万钱。

停杯投箸不能食，拔剑四顾心茫然。

欲渡黄河冰塞川，将登太行雪满山。

闲来垂钓碧溪上，忽复乘舟梦日边。

行路难，行路难，多歧路，今安在？

长风破浪会有时，直挂云帆济沧海。

念奴娇·赤壁怀古
（宋）苏轼

大江东去，浪淘尽，千古风流人物。故垒西边，人道是、三国周郎赤壁。乱石穿空，惊涛拍岸，卷起千堆雪。江山如画，一时多少豪杰！　　遥想公瑾当年，小乔初嫁了，雄姿英发。羽扇纶巾，谈笑间、樯橹灰飞烟灭。故国神游，多情应笑我，早生华发。人生如梦，一樽还酹江月。

阅读：

　　亲爱的同学们，学校为你推荐了那么多书，选出你喜欢的读一读，你可以边读边圈画一些优美的词句，有感而发时还可以在书边写上自己的感受，开学后我们可以交流一下。

六年级

四时田园杂兴（一）
（南宋）范成大

昼出耘田夜绩麻，
村庄儿女各当家。
童孙未解供耕织，
也傍桑阴学种瓜。

四时田园杂兴（二）
（南宋）范成大

梅子金黄杏子肥，
麦花雪白菜花稀。
日长篱落无人过，
惟有蜻蜓蛱蝶飞。

别董大
（唐）高适

千里黄云白日曛，
北风吹雁雪纷纷。
莫愁前路无知己，
天下谁人不识君。

送元二使安西
（唐）王维

渭城朝雨浥轻尘，
客舍青青柳色新。
劝君更尽一杯酒，
西出阳关无故人。

泊船瓜洲
（宋）王安石

京口瓜洲一水间，
钟山只隔数重山。
春风又绿江南岸，
明月何时照我还？

闻王昌龄左迁龙标遥有此寄
（唐）李白

杨花落尽子规啼，
闻道龙标过五溪。
我寄愁心与明月，
随风直到夜郎西。

使至塞上
（唐）王维

单车欲问边，属国过居延。
征蓬出汉塞，归雁入胡天。
大漠孤烟直，长河落日圆。
萧关逢候骑，都护在燕然。

望岳
（唐）杜甫

岱宗夫如何？齐鲁青未了。
造化钟神秀，阴阳割昏晓。
荡胸生曾云，决眦入归鸟。
会当凌绝顶，一览众山小。

次北固山下
（唐）王湾

客路青山外，行舟绿水前。
潮平两岸阔，风正一帆悬。
海日生残夜，江春入旧年。
乡书何处达？归雁洛阳边。

将进酒
（唐）李白

君不见黄河之水天上来，奔流到海不复回。

君不见高堂明镜悲白发，朝如青丝暮成雪。

人生得意须尽欢，莫使金樽空对月。

天生我材必有用，千金散尽还复来。

烹羊宰牛且为乐，会须一饮三百杯。

岑夫子，丹丘生，将进酒，杯莫停。

与君歌一曲，请君为我倾耳听。

钟鼓馔玉不足贵，但愿长醉不复醒。

古来圣贤皆寂寞，惟有饮者留其名。

陈王昔时宴平乐，斗酒十千恣欢谑。

主人何为言少钱，径须沽取对君酌。

五花马，千金裘，呼儿将出换美酒，与尔同销万古愁。

青玉案·元夕
（宋）辛弃疾

东风夜放花千树，更吹落、星如雨。宝马雕车香满路，凤箫声动，玉壶光转，一夜鱼龙舞。

蛾儿雪柳黄金缕，笑语盈盈暗香去。众里寻他千百度，蓦然回首，那人却在，灯火阑珊处。

江城子·密州出猎
（宋）苏轼

老夫聊发少年狂，左牵黄，右擎苍。锦帽貂裘，千骑卷平冈。为报倾城随太守，亲射虎，看孙郎。　　酒酣胸胆尚开张，鬓微霜，又何妨！持节云中，何日遣冯唐？会挽雕弓如满月，西北望，射天狼。

爱莲说
（宋）周敦颐

　　水陆草木之花，可爱者甚蕃。晋陶渊明独爱菊。自李唐来，世人甚爱牡丹。予独爱莲之出淤泥而不染，濯清涟而不妖，中通外直，不蔓不枝，香远益清，亭亭净植，可远观而不可亵玩焉。

　　予谓菊，花之隐逸者也；牡丹，花之富贵者也；莲，花之君子者也。噫！菊之爱，陶后鲜有闻；莲之爱，同予者何人？牡丹之爱，宜乎众矣！

木兰辞
（汉）《乐府诗集》

　　唧（jī）唧复唧唧，木兰当户织。不闻机杼（zhù）声，惟闻女叹息。

　　问女何所思，问女何所忆。女亦无所思，女亦无所忆。昨夜见军帖，可汗（kè hán）大点兵。军书十二卷，卷卷有爷名。阿爷无大儿，木兰无长兄，愿为（wèi）市鞍（ān）马，从此替爷征。

　　东市买骏马，西市买鞍鞯（jiān），南市买辔（pèi）头，北市买长鞭，旦辞爷娘去，暮宿黄河边，不闻爷娘唤女声，但闻黄河流水鸣溅溅（jiān jiān）。旦辞黄河去，暮至黑山头，不闻爷娘唤女声，但闻燕山胡骑鸣啾啾。

　　万里赴戎（róng）机，关山度若飞。朔（shuò）气传金柝（tuò），寒光照铁衣。将军百战死，壮士十年归。

　　归来见天子，天子坐明堂。策勋十二转，赏赐百千强（qiáng）。可汗问所欲，木兰不用尚书郎；愿驰千里足，送儿还故乡。

　　爷娘闻女来，出郭相扶将（jiāng）；阿姊（zǐ）闻妹来，当户理红妆；小弟闻姊来，磨刀霍霍（huò huò）向猪羊。开我东阁门，坐我西阁床。脱我战时袍，著（zhuó）我旧时裳，当窗理云鬓（bìn），对镜帖（tiē）花黄。出门看火伴，火伴皆惊忙。同行十二年，不知木兰是女郎。

　　雄兔脚扑朔，雌兔眼迷离；双兔傍（bàng）地走，安能辨我是雄雌？

阅读：

　　亲爱的同学们，学校为你推荐了那么多书，选出你喜欢的读一读，你可以边读边圈画一些优美的词句，有感而发时还可以在书边写上自己的感受，开学后我们可以交流一下。

亲爱的同学：

在老师悉心指导下，你一定读了不少中华经典诗文，六年下来必定是唇齿留香吧！这里，再为你推荐两首著名的诗歌，一定要好好品味呦！你会发现这样的诗体也别有一番风致！

《西风颂》是雪莱"三大颂"诗歌中的一首，写于 1819 年。这首诗是诗人"骄傲、轻捷而不驯的灵魂"的自白，是时代精神的写照。诗共分 5 节，在此为你们介绍第五节，感受一下西方诗歌的风格。

Ode to the West Wind

V

Make me thy lyre，even as the forest is：

What if my leaves are falling like its own！

The tumult of thy mighty harmonies

Will take from both a deep，autumnal tone，

Sweet though in sadness. Be thou，Spirit fierce，

My spirit！ Be thou me，impetuous one！

Drive my dead thoughts over the universe

Like wither'd leaves to quicken a new birth！

And，by the incantation of this verse，

Scatter，as from an unextinguish'd hearth

Ashes and sparks，my words among mankind！

Be through my lips to unawaken'd earth

The trumpet of a prophecy！ Oh Wind，

If Winter comes，can Spring be far behind？

把我当作你的竖琴吧，有如树林：

尽管我的叶落了，那有什么关系！

你巨大的合奏所振起的音乐

将染有树林和我的深邃的秋意：

虽忧伤而甜蜜。呵，但愿你给予我
狂暴的精神！奋勇者呵，让我们合一！
请把我枯死的思想向世界吹落，
让它像枯叶一样促成新的生命！
哦，请听从这一篇符咒似的诗歌，
就把我的话语，像是灰烬和火星
从还未熄灭的炉火向人间播散！
让预言的喇叭通过我的嘴唇
把昏睡的大地唤醒吧！西风啊，
如果冬天来了，春天还会远吗？

《再别康桥》是现代诗人、散文家徐志摩的代表作。他在剑桥两年深受西方教育的熏陶及欧美浪漫主义和唯美派诗人的影响，写下了这首脍炙人口的名篇，初中一年级时，你们将学习到它，提前读读吧。

再别康桥

　　徐志摩

轻轻的我走了，
正如我轻轻的来；
我轻轻的招手，
作别西天的云彩。

那河畔的金柳，
是夕阳中的新娘；
波光里的艳影，
在我的心头荡漾。

软泥上的青荇，
油油的在水底招摇；
在康河的柔波里，
我甘心做一条水草！

那榆阴下的一潭，
不是清泉，是天上虹；
揉碎在浮藻间，
沉淀着彩虹似的梦。

寻梦？撑一支长篙，
向青草更青处漫溯；

满载一船星辉，
在星辉斑斓里放歌。

但我不能放歌，
悄悄是别离的笙箫；
夏虫也为我沉默，
沉默是今晚的康桥！

悄悄的我走了，
正如我悄悄的来；
我挥一挥衣袖，
不带走一片云彩。

数学园地

一年级：

1. 完成两张有关数学知识的手抄报（一张有关方位知识，一张自选内容）。

2. 和家长或其他小朋友一起用扑克牌玩 20 以内加减法的游戏。

3. 用七巧板拼图案并说一个相关的小故事。

二年级：

1. 完成两张有关数学知识的手抄报（一张家周围的平面图，一张自选内容）。

2. 量一量一家人的身高并制作成统计表。

3. 和家长或其他小朋友一起玩 100 以内不许数 2~9 的倍数的游戏。

4. 和家长或其他小朋友一起用扑克牌玩 24 点的游戏。

三年级：

1. 完成两张有关数学知识的手抄报（一张有关年月日知识，一张利用平移、旋转、对称等知识设计美丽的图案）。

2. 和家长或其他小朋友一起用扑克牌玩 24 点的游戏。

四年级：

1. 完成两张有关数学知识的手抄报（一张有关数学故事，一张自选内容）。

2. 和家长或其他小朋友一起玩数数游戏，要求：所数的数中不含数字 2、3 及其倍数。

五年级：

1. 完成两张有关数学知识的手抄报（形式：思维导图）。

2. 和家长或其他小朋友一起玩数数游戏，要求：所数的数中不含数字 2、3、5 及其倍数。

3. 和家长或其他小朋友一起玩五子棋。

六年级：

1. 完成两张有关数学知识的手抄报（形式：思维导图）。

2. 玩数独游戏。

趣味题：

如果你有兴趣，可以试着做一做。

1. 张、黄、李分别是三位小朋友的姓。根据下面三句话，请你猜一猜，三位小朋友各姓什么？

a 甲不姓张；b 姓黄的不是丙；c 甲和乙正在听姓李的小朋友唱歌。

甲姓（　　　），乙姓（　　　），丙姓（　　　）。

2. 三个小朋友比大小。根据下面三句话，请你猜一猜，谁最大？谁最小？

a 芳芳比阳阳大 3 岁；b 燕燕比芳芳小 1 岁；c 燕燕比阳阳大 2 岁。

（　　　）最大，（　　　）最小。

3. 妈妈给姐姐买了 18 支铅笔，给弟弟买了 10 支铅笔，姐姐分给弟弟几支，姐弟俩的铅笔就一样多了？

4. 请把 1、2、3、4、5 五个数填入图中，使横行、竖行相加的结果一样。

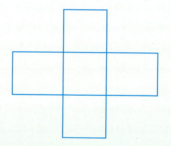

5. 在"☐"里填上适当的数。

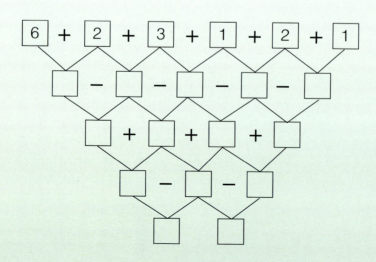

6. 三个人吃 3 个馒头，用 3 分钟吃完；照这样计算，九个人吃 9 个馒头，需要（ ）分钟吃完？

7. 小明今年 6 岁，小强今年 4 岁，2 年后，小明比小强大几岁？

8. 同学们排队做操，从前面数，小明排第 4，从后面数，小明排第 5，这一队一共有多少人？

9. 13 个小朋友玩"老鹰抓小鸡"的游戏，已经抓住了 5 只"小鸡"，还有几只没抓住？

10. 马戏团有 1 只老虎，3 只猴子，黑熊和老虎一样多，问马戏团有几只动物？

11. 53+6 ＋ 9 ＋ 12 ＋…＋ 93 ＋ 96 ＋ 99

1+2+3+……+14+15+14+……+3+2+1

9+29+299+2999+29999

36×24 ＋ 36×74+36×2

125×25×8×4   125×32

12.学校做大扫除，张晓和陈燕一共擦玻璃 31 块，又知道张晓比陈燕少擦 9 块，张晓、陈燕各擦玻璃多少块?

13.小兰期末考试时语文和数学平均分是 96 分，数学比语文多 4 分，问小兰语文多少分？数学多少分？

14.甲筐里有苹果 30 千克，乙筐里有桔子若干千克，如果从乙筐里取出 12 千克桔子，苹果就比桔子多 10 千克，乙筐原有桔子多少千克？

15.甲乙两船共载客 623 人，若甲船增加 34 人，乙船减少 57 人，这时两船乘客同样多，甲船原来有乘客多少人？

16.在下面的乘法竖式中，每个汉字代表一个数字，不同的汉字代表不同的数字，那么"学"代表的数字是（　）

$$
\begin{array}{r}
数\quad 学 \\
\times \quad 数\quad 学 \\
\hline
(\ )(\ )学 \\
(\ )\ 0\ 8\quad\ \\
\hline
勤\quad 奋\quad 好\quad 学
\end{array}
$$

17.在下面的算式中，汉字"雨，航，小，学，三，年，级"代表 1，2，3，4，5，6，7，8，9 中的 7 个数字，不同的汉字代表不同的数字，使得加法算式成立，则"雨，航，小，学，三，年，级"所代表的 7 个数字的和等于（　　　）

$$
\begin{array}{r}
雨\quad 航\quad 小\quad 学 \\
+\quad\quad 三\quad 年\quad 级 \\
\hline
2\quad 0\quad 0\quad 9
\end{array}
$$

18.一个两位数，个位和十位上的数字之和是8，数字之差是2，这个两位数是多少？

19.按规律填数。

① 56，49，42，35，（　　　）。

② 11，15，19，23，（　　　）。

③ 3，6，12，24，（　　　）。

④ 2，3，5，9，17，（　　　）。

⑤ 1，3，4，7，11，（　　　）。

⑥ 1，3，7，13，21，（　　　）。

⑦ 3，5，3，10，3，15，（　　　），（　　　）。

⑧ 8，3，9，4，10，5，（　　　），（　　　）。

⑨ 2，5，10，17，26，（　　　）。

⑩ 15，21，18，19，21，17，（　　　），（　　　）。

⑪ 数列 1，3，5，7，11，13，15，17。

（1）如果其中缺少一个数，那么这个数是几？应补在何处？请把数列写出来。

（2）如果其中多了一个数，那么这个数是几？为什么？

20.甲、乙两人共生产零件100个，其中甲有2个零件、乙有5个零件不合格。已知乙生产的合格零件是甲生产的合格零件的2倍。甲、乙各生产了多少个零件？

21. 民光村原有水田 290 公顷，旱田 170 公顷。要把多少公顷旱田改为水田，才能使水田的公顷数比旱田的公顷数多 2 倍？

22. 锦天小学图书馆内，科技书的本数是故事书的 3 倍，连环画是科技书的 2 倍。已知这三种书共有 1600 本，那么每种书各有多少本？

23. 某数加上 11，减去 12，乘 13，除以 14，其结果等于 26，这个数是多少？

24. 某数加上 6，乘 6，减去 6，其结果等于 36，求这个数。

25. 在 125 × □ ÷ 3 × 8-1=1999 中，□内应填入什么数？

26.同学们排队做操，每行人数同样多。小明的位置从左数是第 5 位，从右数是第 3 位，从前数是第 5 位，从后数是第 6 位。问做操的同学共有多少人？

27.一个正方形被分成 4 个大小、形状完全一样的长方形，每个小长方形的周长都是 50 厘米，求这个正方形的周长。

28.右图是由 4 个一样的长方形和一个周长是 20 分米的小正方形拼成的一个边长是 11 分米的大正方形。每个长方形的长和宽各是多少？周长是多少？

29. 用 12 个边长为 1 厘米的正方形纸板摆长方形，你能摆出几种？它们的周长和面积分别是多少？

30. 边长为 12 厘米的正方形纸，最多可以剪成面积是 4 平方厘米的小正方形多少个？

31. 一把钥匙只能开一把锁，现有 7 把钥匙和 7 把锁，但不知哪把钥匙能开哪把锁。要保证这 7 把钥匙都配上锁，至少要实验多少次？

32. 用 0，1，2，3，4 五个数字可以组成多少个不同的没有重复数字的三位数？

33. 把一个正方形的各边都五等分，顺次连接对边上的各分点，得到如下图形。这个图形中一共有多少个正方形？

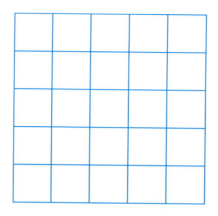

34. 有两袋小球，从甲袋中拿出 10 个放入乙袋后，甲袋还比乙袋多 5 个小球。原来甲袋比乙袋多多少个小球？

35. 在一座桥两侧栏杆上插彩旗，每边从头到尾一共插了 30 面，每两面彩旗之间都相距 8 米。这座桥长多少米？

36.学校有一个正六边形花坛，同学们在它的每边都摆上6盆花（六个顶点各有一盆），间隔都是1米。这个六边形花坛的周长是多少米？

37.把数字1～7分别填入下图的七个空里，使得每个圆圈里的四个数之和都等于13。

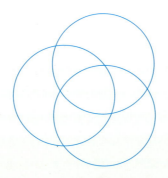

38.甲、乙两数的和是64，乙、丙两数的和是72，甲、丙两数的和是80，甲、乙、丙三个数的平均数是多少？

39.有5个数的平均数是20，如果其中的一个数改成4，这时候5个数的平均数是18。求改动的数原来是多少？

40. 一扇门长 20 分米，宽 10 分米，上面安装了一块长 3 分米，宽 2 分米的玻璃，现在需要把门刷上白漆，刷漆的面积是多少？

41. 在一块长 40 米，宽 25 米的长方形空地上截取一个最大的正方形，剩下的面积是多少？

42. 一面镜子长 5 米，宽 2 米，已知镜子的价格是每平方米 25 元，购买这面镜子需要多少钱？

43. 公园里有一片长 96 米、宽 89 米的针叶林，平均每 6 平方米有 1 棵树，这片针叶林一共有多少棵树？

44. 张晓不小心把自己讲故事比赛的成绩单弄脏了，你能帮她把第三次的成绩计算出来吗？

第一次	第二次	第三次	平均分
94	99	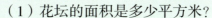	96

45. 李爽家准备在客厅地面上铺上方砖，选择哪种方砖便宜？需要这种方砖多少块？

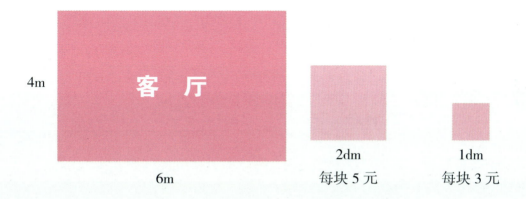

4m

客　厅

6m

2dm

每块 5 元

1dm

每块 3 元

46. 在一个长 10 米，宽 8 米的长方形花坛四周，铺上宽 1 米的小路。

（1）花坛的面积是多少平方米？

（2）小路的面积是多少平方米？

47. 比身高。（单位 cm）

组员组别	1	2	3	4	5	6
男生组	90	95	86	102	98	93
女生组	87	84	92	96	100	99

哪个组的平均身高高一些？

48. 趣味数学题

1.125+2.125+3.125+…+80.125=   1234×909+1234×9090=

1+2−3+4−5+6−7+8−9+…+96−97+98−99+100=

49. 一桶油连桶重 72 千克，用去一半油后，连桶重 38 千克，这桶内原有油重_____千克。

50. 由 2、4、6、8 四个数字组成的不同的四位数共有_____个。

51. 一条公路长 240 米，如果每 10 米种一棵树，两端都种一棵，一共可种_____棵树。

52. 桌子的单价是椅子的 4 倍，3 套桌椅 360 元，每张桌子的单价是_____元。

53. 现在是 14 时整，分针旋转 98 圈后，时针表示的时刻是_____时整。

54. 父亲年龄是阳阳年龄的 9 倍，母亲的年龄是阳阳年龄的 7.5 倍，父亲比母亲大 6 岁，阳阳今年_____岁

55. 一把钥匙只能开一把锁，现在有 4 把钥匙 4 把锁，但不知哪把钥匙开哪把锁，问最多试_____次可以打开所有的锁。

56. 工厂仓库里有 7 辆车，17 个车轮，能组装成_____辆自行车，_____辆三轮车。

57. 一本书 500 页，按顺序编上页码 1、2、3、4、5、…、500，问数字 1 在页码中出现_____次。

58. 有若干个苹果和梨。如果按 1 个苹果 2 个梨分堆，那么梨分完时还剩 5 个苹果；如果按每 3 个苹果 5 个梨分堆，那么苹果分完时还剩 5 个梨。问苹果最少_____个，梨最少_____个。

59. 把 1–42 这 42 个数字相乘，积的末尾有_____个 0。

60. 某人掷一枚硬币，结果是连续 5 次都是正面朝上，请问他第六次掷硬币时正面朝上的可能性是_____（填分数）。

61. 在"睿智杯"数学知识抢答比赛中，共出 10 道题，规定答对一题得 5 分，答错一题倒扣 3 分，婧婧得了 34 分，她答对了几道题？

62. 5 个桶里装有同样多的油，如果从每个桶里分别倒出 8 千克装入一个空油罐，那么 5 个桶里的油正好是油罐里油的 2 倍，原来每个桶里有油多少千克？

63. 加工一批零件，前三小时加工 120 个，后来又以同样的速度加工 180 个，一共用了几小时？

64. 两个港口之间的距离是 300 千米，一艘货轮和一艘快艇分别从两个港口开出，相向而行，货轮每小时行 24 千米，快艇比货轮晚开 3 小时，每小时的路程是货轮的 3 倍，快艇开出多少小时后两船还相距 36 千米？

数学小知识

五子棋是一种两人对弈的纯策略型棋类游戏，是起源于中国古代的传统黑白棋种之一，棋具与围棋通用，棋子分为黑白两色，棋盘为 15×15，棋子放置于棋盘线交叉点上，两人对局，各执一色，轮流下一子，先将横竖或斜线的 5 个或 5 个以上同色棋子连成不间断的一排者为胜。

七巧板是由七块板组成的，而这七块板可拼成许多图形（1600 种以上），例如：三角形、平行四边形、不规则多边形。玩家也可以把它拼成各种人物、动物、桥、房、塔等等，亦可是一些中文或英文字母。

二十四点是一种益智游戏，它能在游戏中锻炼人们的心算，它往往要求人们将四个数字进行加减乘除四则混合运算（允许使用括号）求得二十四。

游戏 1　小韦与同学一起玩"24 点"扑克牌游戏，即从一幅扑克牌（去掉大、小王）中任意抽出 4 张，根据牌面上的数字进行混合运算（每张牌只能用一次），使运算结果等于 24，小韦抽得四张牌（如图），"哇！我得到 24 点了！"他的算法是＿＿＿＿＿＿＿＿＿＿.

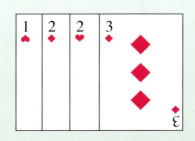

游戏2 有一种"二十四点"的游戏，其游戏规则是这样的：任取四个1至13的自然数，将这四个数（每个数用且只用一次）进行加减乘除四则运算，使其结果等于24．例如对1，2，3，4可作运算：（1+2+3）×4=24（注意，此运算与4×（1+2+3）应视作相同方法的运算）．现有四个数3，4，6，10，运用上述规则写出三种不同方法的算式，使其结果等于24，算式如下：

（1）＿＿＿＿＿＿；（2）＿＿＿＿＿＿；（3）＿＿＿＿＿＿．

游戏3 从一副扑克牌（去掉大王、小王）中任意抽取4张，根据牌面上的数添加+、−、×、÷和括号等符号进行运算，每张牌只能用一次，使得运算结果为24．其中A、J、Q、K分别代表1、11、12、13．小明抽到的是如图的4张牌，你能帮他凑成24的算式是＿＿＿＿＿＿＿．

 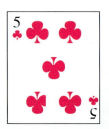 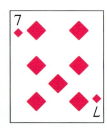 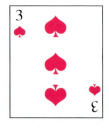

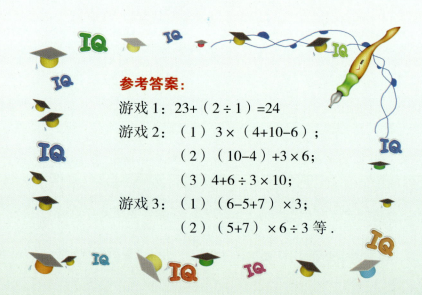

参考答案：

游戏1：23+（2÷1）=24

游戏2：（1）3×（4+10−6）；

（2）（10−4）+3×6；

（3）4+6÷3×10；

游戏3：（1）（6−5+7）×3；

（2）（5+7）×6÷3 等．

英 语 乐 园

一、二年级：

    1. 每天听英文原声磁带 10 分钟，要求大声跟读，跟读材料既可是教材内容也可是课外内容。

    2. 每周读一读英语书后的词汇。

    3. 看 2 部英语动画片。

三年级：

    1. 朗读英语教材上每单元 1、2 课时中 A、B 部分的词汇和句型。

    2. 阅读英语图画书 3–5 本（可以从学校英语组办公室借阅）。

    3. 介绍自己的假期生活，制作一份手抄报。

    4. 看 2 部英语动画片。

四年级：

    1. 朗读英语教材上每单元 1、2 课时中 A、B 部分的词汇和句型。

    2. 阅读英语图画书 3–5 本，推荐一本自己喜欢的图书，并写出推荐理由。

    3. 看 2 部英语动画片。

    4. 制作一本自己喜欢的图画书。

五年级：

    1. 朗读英语教材上每单元 1、2 课时中 A、B 部分的词汇和句型。

    2. 看英语图画书 3–5 本，或推荐一本自己喜欢的图书，并写出推荐理由。

    3. 看 2 部英语电影或是英语动画片。

    4. 制作一本自己喜欢的图画书。

六年级：

    1. 朗读英语教材上每单元 1、2 课时中 A、B 部分的词汇和句型。

    2. 阅读英语类图书 3–5 本，推荐一本自己喜欢的图书，并写出推荐理由。

    3. 看 2–3 部英文电影。

    4. 制作一本自己喜欢的图画书。

我的图书推荐模版：

初级版

I like the story_____,

because it is _____.

I like_____in the story,

because _____.

Class_____Grade_____Made by _____

HAPPY Day..

Be happy!

中级版

I prefer the story _____ to the others,

because it is_____.

It is about_____.

Also, I like_____in the story,

because_____.

Class_____Grade_____Made by_____.

高级版

I am fond of the story_____,

because it is_____.

I can learn_____from it as well.

After reading，I know_____.

Class_____Grade_____Made by_____

图画书推荐

Hello everyone! Books are full of amazing things. If you can open books in your free time， you will find a lot of interesting things. Also reading can make us happy, powerful and outstanding! From now on, let's read together！

李菲推荐

Hello everyone，my name is Li Fei. I like reading. I am fond of the story *It's not Easy to Be a Mother*，because it is interesting. It is about a girl who doesn't want to be a kid. She wants to be her mother. In the end，the girl doesn't think being a mother is easy. After reading，I know that Mom is hard. We should love her and help her！

李维漪推荐

Hello everyone. I am Li Weiyi，a girl in grade 5. I am from Xiyuan Primary School. I like reading. I read a story book *Happy Tips*. I borrowed it from my English teacher Vivian. I am crazy about this story. It is about how we can be happy every day. It is useful for me. I like the boy in the story because of his friendiness and helpfulness. After reading，I realize that it is good to be happy every day. Being happy with everyone can make our life wonderful. If you want to read this book，you can find it on the Internet.

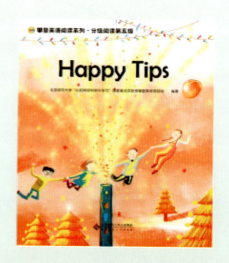

张雨涵推荐

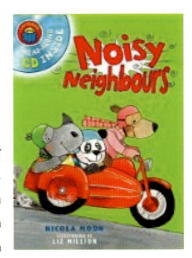

Hello everyone! My name is Zhang Yuhan. I prefer reading to the others. Today I will introduce a story. The story's name is *Noisy Neighbours*. It is written by Geraldine McCaughrean and produced by Qunyan Press. I borrowed it from the library. It is about a mean man who had two noisy neibours. He could not bear them. So he gave them money and asked them to move away. Finally, they just changed each other. I think this mean man should learn to understand others. After reading, I know we should be honest and understand each other. Do you like this story? If you like this book you can borrow from me.

韩澄浩推荐

Hello, I am a boy. I like reading very much. Recently, I read a story *Money Oder Das 1x1 des Gelds*. It is written by Bodo Shcfer and produced by China Worker Press. It is about how to control the budget. It is full of imagination. A dog named Qian Qian can not only speak but also control the budget. He helped JiaYi control the budget and deal with her family economic problems. Also it tells us how to control the money, how to spend money and how to use our own money to earn more money. I prefer this book to the others because it is useful for us. I hope you will like this book. You can buy it from internet or bookshop.

我的图画书推荐

Liu Yujia from Class2 Grade5

友情链接

歌曲推荐：低中年级：http://english.cnfla.com/flash_fl/24_1.htm

高年级：Yesterday once more

Trouble is a friend

Baby

Big big world

We are the world

Beautiful world

图画书推荐：http://www.3kid.net/

攀登英语网

动画故事推荐：美国动画故事 粉红小猪 Peppa Pig

· 86 ·